凡世遇见

安　子 ◎ 著

遇见一首诗，直达心底，触动心弦，情起如斯，一往而深。慢读细品，在诗中相遇共鸣：有一种爱，以诗之名，跃然纸上的深情；有一种情，以诗之魂，附身于时光之中。

海峡出版发行集团 | 海峡文艺出版社

图书在版编目(CIP)数据

凡世遇见/安子著. —福州:海峡文艺出版社,2022.9
　　ISBN 978-7-5550-3034-8

Ⅰ.①凡… Ⅱ.①安… Ⅲ.①诗集-中国-当代 Ⅳ.①I227

中国版本图书馆 CIP 数据核字(2022)第 101837 号

凡世遇见

安　子　著
出 版 人　林　滨
责任编辑　邱戊琴
出版发行　海峡文艺出版社
经　　销　福建新华发行(集团)有限责任公司
社　　址　福州市东水路 76 号 14 层
发 行 部　0591—87536797
印　　刷　福建建本文化产业股份有限公司
厂　　址　福州市仓山区十字亭路 4 号燎原村厂房 2 号楼
开　　本　720 毫米×1010 毫米　1/16
字　　数　263 千字
印　　张　18　　　　　　　　　　插页　4
版　　次　2022 年 9 月第 1 版
印　　次　2022 年 9 月第 1 次印刷
书　　号　ISBN 978-7-5550-3034-8
定　　价　68.00 元

如发现印装质量问题,请寄承印厂调换

前言

我不知道读到这本书的有缘人会是多大年纪的。我想将自己的一些经历分享给读者，特别是年轻的读者。

首先我想说的是，生活需要像蜜蜂一样，学会酿造甜蜜。这里有两层意思，第一层是我们要勤劳、敢于创新、创造。世界上没有纯粹靠运气成为英雄的，每一件"干得漂亮"的事儿，都是前期辛勤付出的结果。我们看到一个人越是成功，越应该体会到他背后付出的高于常人的努力。除了努力，我们还要学会思考。方向错误容易南辕北辙，越走越错。常思己过、学人所长、总结过往、树立目标、追求梦想，只有在思考中纠偏取正，坚定前行，才能一步步实现阶段性的目标，逐步靠近自己的梦想。第二层意思，我们要有发现美好的眼睛和创造美好的能力。一方面，我们要像蜜蜂寻找可以采蜜的花那般，去发现周围的美好和内心的阳光。另一方面，"甜蜜"是味觉，更是感觉。建立平和的心态，发现身边的美好，我们的生命才能更加丰满。当我们走出"自我中心"的立场和思维方式，可以更全面地看问题、欣赏事物，也更加容易舍得和放下。今天我们种下的因，会结出明天的果；今天我们酿的蜜，明天就会品尝到甜。酿（努力）造（创新）甜（心态）蜜（梦想），是一个个"美好"诞生的过程。

其次，我鼓励大家拿起笔，跟我一样记录下各自的生活情感。

FAN SHI YU JIAN

人这辈子,要为国家、民族、人民做点事,要在这世上留一点有意义的东西。为百姓谋福利的政治家,他们的"笔"是全心全意为人民服务,留下的是名垂青史的盛赞;为社会事业谋发展的科学家,他们的"笔"是潜心钻研、攻坚克难,留下的是国家的繁荣富强;为国家安全和人民尊严保家卫国的军人,他们的"笔"是那一身的戎装和使命担当,留下的是人民的安居乐业……平凡的我们,能做什么呢?我想除了兢兢业业地工作外,写点东西证明自己来过这个世界,应该可以算是一个不错的选项。每一首歌的背后都会有一个故事,每个故事也都可以写成一首歌。只要善于发现,只要付诸行动,我觉得每个人都可以当"作家"。事物很多是从无到有、从小到大的,不尝试怎么知道呢?拿起笔!练字也好,抒发情感也罢,写作会让我们的生活更加充实,也会助我们在创作和回顾的过程中更好地发现世界。

最后,我想提醒年轻的读者,我们虽然还年轻,但生命真的很短。不要肆无忌惮挥霍我们的青春,我们所有的"疯狂"必须要以未来为导向,不是图一时之快。想想让您记忆深刻的一件事,发生在什么时间,也许记忆犹新恍如昨日,但是已过十年。再想想这件事对现在有没有影响,是好的影响还是坏的影响?在我大学期间,很多人用电脑玩网游,而我用电脑学习网页三剑客、修图,把写的小说、诗集做成电子书,研究修电脑……这些经历在我以后的工作中受益良多。多做一些有意义的事吧!时间真的不经花,也不会倒流。你我的人生都是单程的旅行,让自己少一些后悔,且行且珍惜。

感恩我们结缘,但愿这本书能带给你一些正向的思考。

安 子
2021 年 10 月

FAN SHI YU JIAN

目 录

听，梦的回音

红尘修行 / 03
月　光 / 04
致秋天 / 05
只有你 / 06
玻璃门 / 07
麻　木 / 09
暂　别 / 10
梦里梦外 / 12
宝　盒 / 14
在　意 / 16
安 / 19
别　过 / 21
临　走 / 23
时间沙漏 / 24
空　杯 / 25
碎　片 / 26
市场的鱼 / 27

你在做什么 / 28
痊愈的假象 / 29
贝　拉 / 30
风雨无常 / 32
风　筝 / 33
珍　重 / 34
两条线 / 35
水 / 36
错　过 / 37
思念惯性 / 38
想你了 / 39
人　海 / 40
度日如年 / 41
晴天下着雨 / 43
无法抵抗你的温柔 / 44
疗　伤 / 45
冬日的体温 / 46
下辈子 / 48
星　火 / 50
情　殇 / 52
放手的委婉 / 54
非　言 / 56
回　忆 / 57
一个人 / 60
梦中人 / 62
一世就好 / 63
思　念 / 64

观　影 / 65

日　记 / 66

未　来 / 68

骗　人 / 70

删　减 / 72

遗忘时间 / 74

想　你 / 77

小　说 / 78

梦里寻她千百度 / 79

十年之后 / 80

种　毒 / 82

别离苦 / 84

头　纱 / 85

初　见 / 86

假　睡 / 87

刹　那 / 89

新伤旧痕 / 91

冷　风 / 92

得不到的人 / 93

梦里相拥 / 95

无法释怀 / 96

时光如水 / 97

痕　迹 / 98

爱情过客 / 99

当我离开的时候 / 102

雨 / 104

谢幕的舞台 / 107

安　静 / 108
失眠夜 / 109
遇　见 / 110
树 / 112
记着好 / 113
东太平洋 / 114
太阳雨 / 116
为何是黄昏 / 117
凡世遇见 / 119

看，爱的底色

等　待 / 123
等　候 / 125
战争与和平 / 126
昙　花 / 127
白云之上 / 128
孤独无伴 / 129
毛毛虫 / 131
下一步 / 133
你要去何方 / 134
一日惶惶 / 136
知　雨 / 139
心情档案 / 140
数学题 / 141
孤　单 / 142
寂寞流言 / 143
众里寻他 / 144

枯　树 / 145
天使的泪 / 146
夏　雨 / 147
封　存 / 148
壳 / 150
做善良的人 / 151
大和禅苑 / 152
归　期 / 154
落　单 / 155
疲惫的心 / 156
夏天的风 / 157
童　年 / 158
萤火虫 / 159
忘记烦恼 / 160
何　妨 / 163
免　疫 / 164
母亲河 / 165
黄　昏 / 166
清　晨 / 167
惊　雷 / 169
反　省 / 170
行道树 / 172
落日沙滩 / 174
路　灯 / 176
落　叶 / 178
忘　记 / 180
地壳运动 / 182

爱的力量 / 183

我的屋 / 184

脆　弱 / 185

光 / 187

夜　雨 / 188

失约的梦 / 189

希　望 / 190

新　生 / 192

感动激励心灵 / 193

远　行 / 194

荒　诞 / 195

荒　野 / 196

逝去的 / 197

欢乐谷 / 198

累 / 200

战胜自己 / 201

六月重庆 / 202

约　定 / 204

不能哭的年纪 / 206

你若孤独 / 207

人生数轴 / 208

路 / 209

雪 / 210

家长会后 / 212

风 / 213

夜行人 / 215

遗　梦 / 217

游　牧 / 219
榕　树 / 221
夏　雨 / 223
晨　花 / 224
日月星的假想 / 225
梦　想 / 226
善恶之所云 / 227
深　夜 / 228
蜡　烛 / 229
玻璃窗 / 230
影　子 / 232
爬行的光 / 233
我的爱 / 234
太　阳 / 235
紫茉莉 / 236

追，心的方向

知我者 / 239
赠光聚法师 / 240
于　夜 / 241
恨　短 / 242
风　雨 / 243
清　明 / 244
立　夏 / 245
漫步闲庭 / 246
近　秋 / 247
卜算子·回乡 / 248

工建有感 / 249

夜游闽江 / 251

江城子·项目投运 / 252

清平乐·夜产 / 253

时间易逝 / 254

望仙门·建设红庙岭 / 255

江湖酬志 / 256

惜　梦 / 257

往事如风 / 258

黄岐岛观海 / 259

龙津湖畔 / 260

值　班　夜 / 262

观天宫山日出 / 263

雁北飞 / 264

故乡亲 / 265

陪　雨 / 266

乡野假日 / 267

登莲台山 / 268

江山睡美人 / 269

桃花树 / 270

鼓浪屿别友 / 271

欲　醉 / 272

盼 / 273

春秋·之一 / 274

春秋·之二 / 275

FAN SHI YU JIAN

    本辑中的诗，最早是我上高中时期创作的。那时没有男女情感的经历，但是，我看到路边两棵对望的树，便会想，他们若是一对恋人，会有怎样的情感？于是将自己比作树，写下情诗。这种情感的表达方式出现在我很多的作品中，虽然有些事情没有真切的经历，但都认真地感受着：一部电影、一本书、一首歌抑或一座山，他们都是故事的主角或载体，因缘际会，你就能读出它们的情绪。这也是创作的一部分快乐所在，让我们开发想象力，也让我们在待人接物中懂得换位思考。这也许是生活的另一种美，在我有限的生命历程中，体悟多彩人生，或树，或他，或你，或自己。

听，梦的回音

FAN SHI YU JIAN

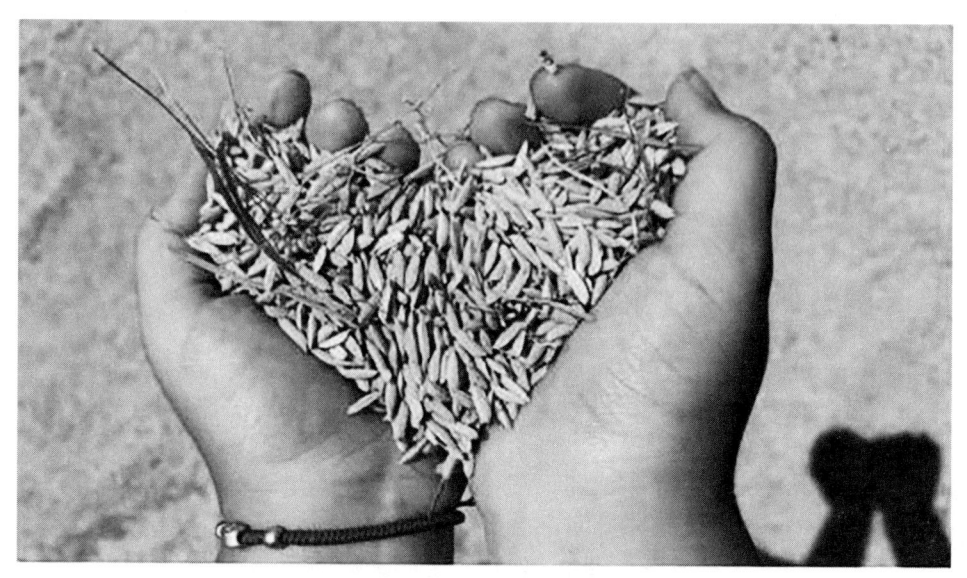

牵手便是旅行,笑容就是风景,
有风的叶就有了行程,有叶的风就有了行踪。

红尘修行

你从不曾属于我
可是我却无法将你放下
为了来生的果
我苦苦修行
不为得道成仙
只为种下再见你的因

你从不曾属于我
可是我却时常见到你
在梦里、画里、心里
我每日诵念
不为参透世间万物
只为多懂你一些

你从不曾属于我
可你却在时时念我
不然为何我总觉得你在喊我
我只愿做一个凡人
因为在红尘的道场
我可以大声地说出想你爱你

月 光

思念是泛在海上的船

我用尽全力也划不到靠近你的岸

那些汇入大海的河流

是记忆神经在大地的弥漫

月光所至　皆是过往

思念是散在空中的光芒

整个夜幕也无法装下

那些所遇的星辰

是我寻你的目光

月光所至　皆是眷望

思念是没有尽头的梦

占据了一个又一个夜晚

那些疲于奔命的白昼

是思念伪装的遗忘

月光所至　又回心上

致秋天

梦里花落知多少，
叶儿黄，
风赶春夏送来凉，
花叶与梦入秋怀。
落叶一地，
片片都是过往事，
回忆扫不尽。

秋意浓时情义重，
枯木易燃暖人冬。
四季的风与叶述不完故事，
叶枯也要相拥落地。
牵手便是旅行，
笑容就是风景，
有风的叶就有了行程，
有叶的风就有了行踪。

只有你

是谁遗忘的孤独落在我怀里
眼眸中一个人久久不肯离去
月亮的倒影
照见我的心情
回忆像湖面一样平静
没有风　只有你

看看以往我们的信息
就好像正在进行中的事情
那些昨日都不似曾经
有你真的很开心
像皎洁的晴夜一般纯粹
除了光　就是你

玻璃门

迷一个人就会乱了神，
看得清却不知隔着玻璃门，
撞破了头才知道疼，
一次一次死而复生。
打不开的玻璃门，
走不进现实的人，
看到的唇留下的吻，
是玻璃的冰冷。
以为就在眼前却不知隔着玻璃门，
爱一个人越陷越深，
自以为是的旅程。
困在围城，
苦苦地等。
无人回应的半夜三更，
一个人孤枕。

迷一个人就会乱了神，
看得清却不知隔着玻璃门，
撞破了头才知道疼，
一次一次死而复生。
打不开的玻璃门，
走不进现实的人，

FAN SHI YU JIAN

看到的唇留下的吻，
是玻璃的冰冷。
以为就在眼前却不知隔着玻璃门，
爱一个人越陷越深，
自以为是的旅程。
困在围城，
苦苦地等。
没有约定的三世三生，
一个人赴梦。

爱，
是对的时间对的地点相遇的两个人，
从此不同的灵魂有了同一个梦，
牵手过一生。
打开玻璃门感受牵手的温，
再不用独饮漫夜的残冷。

麻 木

喝醉了酒

不受控的记忆奔涌

浇浊了泪

拧出凌晨三点失眠的疲惫

走在街头

色盲一般走过红灯的那头

停了思考

还能触到你剩的温柔

迷蒙的眼

瞧见你当时的眸

麻木了脚下的节奏

只是旋律

还绕着牵你的手

只是开口

就喊出你的名字

只是路过

情不自禁回首

暂 别

说好只是再见

断了音信好几年

留两个暂别的字眼

暂别原来那般久远

路上行人似曾相识

或许都有口有眼

曾经明晰的人的脸

太久太久记忆模糊成概念

再见已不是从前

你的动作你的语言和你带着笑的脸

或改变

两个人没有重叠的时间

和一起经历的滴滴点点

再见已不是从前

你的动作你的语言和你带着笑的脸

像隔着窗帘

FAN SHI YU JIAN

总有一天

我老了容颜

你也不会流连

我们还会换来又一次再见

暂别是多长时间

算不算诺言

时间沉淀所有

不求再见也不求理解

只要还记得以前

也算　没有辜负时间

梦里梦外

梦里梦外，

故事不一样的结尾。

时间倒退，

或许还会给我们机会。

说了快乐面对，

却无法治愈内心的惭愧。

是时间误会，

是我没有在你的生命排好队，

等来的只是错过了无言以对。

心缺了水，

饮下时间的解药入了胃，

满腹是过去的回味。

被思念包围，

一颗心又浸在时间里沉沦，

上不了岸的心碎。

FAN SHI YU JIAN

梦里梦外，

故事都一样的结尾。

无法后悔，

走过的路不可能返回。

说了快乐面对，

还是要说服自己爱得纯粹。

是时间误会，

是我没有在你的生命排好队，

等来的错过了就要勇敢面对。

心缺了水，

饮下时间的解药入了胃，

消化了我犯下的罪。

梦里梦外，

故事还没有结尾，

我开始续写没有你的章回。

宝 盒

那里 藏着 你给的宝盒

放着 你的 离别与不舍

是某日的预测和假定的重合

用它弥补我的刀割

我 打开抽屉那刻

不知自己在想着什么

总是开开合合开了又合

你的宝盒像一条银河

装着三言两语又万般奈何

这么多年路过的人形形色色

无一不是陌生的过客

有时错觉

看路人走过

有你身影的一侧

然后本来快乐又闷闷不乐

我是怎么了呢

只是路人一个个

FAN SHI YU JIAN

哪里　还有　藏着的宝盒
藏了　谁的　过往的离合
有月光有迷惘有一个人的心酸
都藏着吧伤才能愈合
我烧了宝盒那刻
知道自己在做什么
祝福的话一遍一遍念着
你的宝盒像一条银河
流淌着岁月渐行渐远的歌
这么多年路过的人形形色色
无一不是陌生的过客
有时错觉
看路人走过
有你身影的一侧
然后感觉你很好就很快乐
心安就好
当一个路人过客

在 意

天上的星星看上去那么小

是因为我们距离太遥远

一个人在地球是多么渺小

把另一个人当作了所有

你说你的世界就是我

可转身就离去

我怎能　不在意

过去的甜言还忘不尽

我怎能　不在意

脚步乱了心中漂泊不定

我怎能　不在意

还不知未来你会在哪里

有时劝自己

他只是夜空的流星

让你许一个愿就去远行

又何必在意

FAN SHI YU JIAN

你说你的世界就是我

可转身就离去

我怎能　不在意

过去的甜言还忘不尽

我怎能　不在意

脚步乱了心中漂泊不定

我怎能　不在意

还不知未来你会在哪里

有时劝自己

他只是夜空的流星

让你许一个愿就去远行

又何必在意

世界太大

他只是划过天际

在心中留一道痕迹

让你余生要好好珍惜

FAN SHI YU JIAN

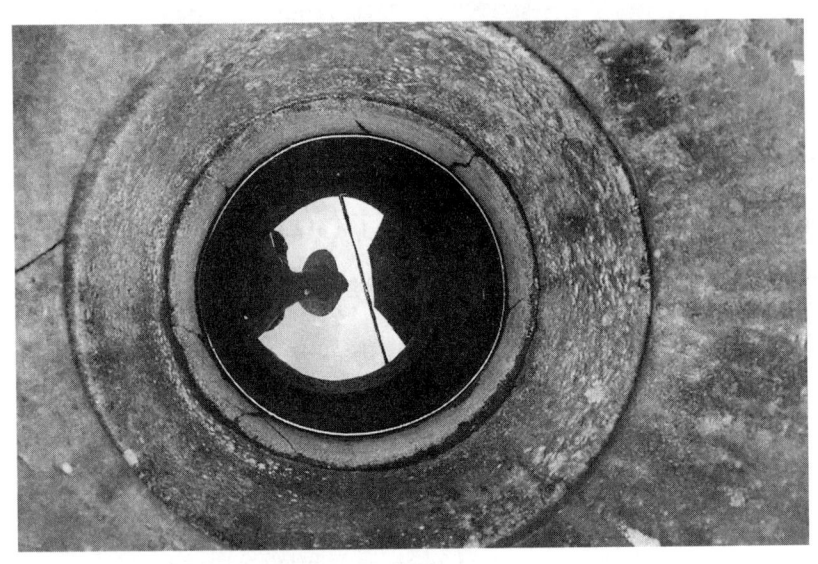

我的身体像一个容器装了所有的曾经
你说的话和你容颜的合集
多少往事倒不尽

安

安　是问候的话
是心里的盼和想你的表达
安　是对你的呼喊
早安　午安　晚安
一整天遥遥相伴
清晨日出照着你的脸庞
午后阳光陪你幸福的慵懒
傍晚看夕阳渐落而安
你若快乐　我便心安
安　一起看雨后晴空朗朗
安　陪你看夜空月儿弯弯
也许不会声声说想你
也许不会天天陪着你
只想道一声　安
让你知道我在想你
让你感到我没忘记
早安　午安　晚安

FAN SHI YU JIAN

一整天遥遥相伴

你的脸庞你的慵懒你的心有所感

是否都把它记在纸上

绘着愉快的歌儿

唱着恬静的画

你是蓝天的晴

你是夜里的星

别　过

很多年的留言还在

几分几秒都准确地记载

你的耍赖和音乐的节拍

仿佛时光重来

再久一些

失效了链接

语音记录慢慢被抹灭

是不是再过一段时间

这些留言也会断线

飘在过去无法回首的空间

时间　已别

只留下记忆中你的脸

像袅袅的烟

留在沧海和桑田

FAN SHI YU JIAN

时间　已别

缘分的题依然没有解

像烛光熄灭

脚步声撞撞跌跌

消音在沉沉的夜

时间　已别

回想起来充满了胆怯

像长久离别

再不知何日相见

又把留言听了一遍

又点了无数次失效的链接

又看了你的留言

又鼓起勇气相信自己的欺骗

或许思念会长过流年

临 走

不敢对着你的眼睛
怕陷入你的柔情
向后退开一米
让你走出我双手的距离
这样我就不会
情不自禁抱你

不敢再仰望星星
怕掉入自己的陷阱
向前走近一步
让灯光没过头顶
这样的身影
才可以躲在脚底

不敢在心中重复念你
怕口中喊出你的名字
双手把自己抱紧
站在原地假装镇静
这样的束缚
才可以目送你离去

时间沙漏

念了千百遍你的名字

就这样傻傻地重复

像和尚念着真经

解了无数的愁

填满了时间

如此执念

不放下

随心

随意

曾说的

那些誓言

更新了画面

一遍一遍出现

那张熟悉的笑脸

沉浸于无声的甜言

就这样任与时间沦陷

空 杯

一个杯子盛着你的呼吸
没有颜色只是看梦更透明
我的身体像一个杯子空了没有灵魂
是什么占据了我的躯体
那么身不由己

一种空杯的心以为这样可以忘记
反而倒不出忧伤和难流的泪滴
我的身体像一个容器装了所有的曾经
你说的话和你容颜的合集
多少往事倒不尽
我的容器里
是你的微笑和你转身的背影
黏在杯里
像吸水球越发膨胀地占据
那是空杯的心
却容不下自己把你抹逝

碎 片

在笑声中痴迷
喝醉了相处的时间
一点一点
那般欢喜

在日出后眺望
看远方云的迷离
一朵一朵
漂泊不定

俯身拾起岁月的碎片
划破了手
看到爱你的血迹
原来淌进了身体

夜与日的交替
变换了多少悲喜
有些回忆带刺
有些回忆如蜜

市场的鱼

风干了泪,
风化了爱,
踩空了未来,
露出了肚白,
游不到幸福的海。

呼吸的鳃,
习惯了你给的爱,
得不到你是我的无奈,
放不下你,
是一天复一天的现在。

他说缘是饵情是钩,
将我交给时间去买卖,
你也做好了离我的准备,
我还存多少生还的期待。
离水的岸是不是岸,
都是空气却呛得缺氧。

你在做什么

天空又慢慢变暗,

风轻轻走来约好了夜晚。

楼下的树招手说了什么,

我没有去猜。

你在做什么,

我听着沙沙的声响和你录下的歌,

听着听着就不知不觉睡着了,

醒来望一望外面的天色,

月亮还在天空的中央挂着。

好想知道你在做什么,

有没有翻开我的日记。

不敢知道你在做什么,

怕你已经把我忘记。

看外面月明风轻,

它是为谁编着信息,

发到哪个目的地,

信号中继的云上,

是否载着你的消息。

痊愈的假象

你的样子在脑海中回荡，
剪不断的愁肠。
八号当铺能否把我的灵魂典当，
化作北极星挂在天上，
夜里当你仰望就能看见我的模样，
也算是一种陪伴。

雨夜没有月光，
陪伴像星星一样黯然。
灯光微颤笑风的贪婪，
在地上呼喊也想把乌云吹散，
多么大的奢望。

天亮了回到往常，
日光将昨夜的雨晒干。
终于你缝上了我的伤跟了他，
夜复一夜的灯火阑珊。

贝 拉

新月微光,

你是否还能闻到我的香味。

左边是他右边是你,

我该选择怎样的后悔。

左边是伤右边是罪,

我如何躲避伤人的轮回。

左边是责任右边是爱恋,

我怎样回答自己是错是对。

左边右边,

犹如硬币的两面,

抛到天空不敢看结果究竟是谁。

FAN SHI YU JIAN

两颗心的相惜,挣脱地球的引力,将对方带进梦里。
思念总是空挡滑行,止不住想你的惯性。

风雨无常

一辆车两个人三句话四周的风不断

决定了分开吧就这样雨也来调伤

是悲伤是无感像鸡尾酒一般

说不出一种情感一个词恰当

感情的车熄了火

回首行驶的路上艰难

曾经加速油门拼命地追赶

心累却找不到休息的停车场

车走了两个人不同方向

离别起步伴着一声雷的信号枪响

其实没有哪一个人是最好的选择

谁都无法给你一支幸福的魔杖

变出所有你期待的浪漫

我们都是凡人

接受着风雨无常

风 筝

天上的云朵像风筝

牵着思念的人

地面人流不息

缠着线放飞自己

风筝有的像蝶有的像花有各种形状

就像你的容颜你的声音在记忆里盘旋

你是无风也可以飞的风筝

思念往事都像风一阵一阵

你是没有线也可以飞的风筝

每一个熟悉的场景和声音都串成了线

那些起风的夜晚

你是黑暗里闪闪的灯火

在眼眸里发光

在心里温暖

思念是线连着一个人

在天空跟着云

有时在蓝天的画布里做你的风景

有时变成一场雨温暖我的眼睛

珍 重

你的回答绕在我脑中

我的精神有点恍惚

做不了事情看不了书

我的眼前视线模糊

你的回答让我感觉到痛

那心里千斤重的过去默默在哭

分了手各走各的路

那句听了心酸的珍重

回想当初说话的唐突

自以为是的幸福

在爱的穷途末路

看自己更清楚

你的回答让我感觉到痛

转身离去的义无反顾

分了手各走各的路

那句听了心酸的珍重

两条线

两条线,在很小的点延伸
那一头,是不知道的远
平行着,一起走过了好长的路
哪一天,我们才汇聚在交点
想你想得变成了曲线
弯弯曲曲画成心的形状
思念一年又一年
过去的片段跟随我蔓延
两条线,说好了一个方向
你跑了,让我看不到边
两条线,等好了一个时间
你走了,换了一张陌生的脸
两条线,约好了一个地点
只留下,乌云下的阴雨绵绵
两条线,总有相交的一天
是黎明是黄昏还是一念之间

水

揉搓一丝思念融入河溪水

一瓢饮尝到你滋味

咸咸的像是玛丽亚的泪水

晒干成盐巴洒上伤的痛我已麻醉

你饮茶失眠了无法入睡

我想你了影子在心里无比沉醉

风吹过榕树叶飘落更憔悴

拿文字在手头玩弄画出你的笑久违

水能冲淡伤悲放进大海去释怀

浪推浪拍打天涯海角日月的沙堆

思念的水可以流淌双手难逼退

闭上了双眼还是看不到你转回

错 过

就像地球的旋转

分了东方与西方

我向左你向右

所以我们会错过

那些天意的偶然

也是一种抉择

我向左你向右

都能看到每天的第一道光

那是光的延续

也是我们的相遇

我向左你向右

才会有历经万里的迎面

错过的安排

让一份精彩两个人过

造就了生活

错过也不要难过

思念惯性

牛郎星与织女星,
虽然都在天际,
可是咫尺千里的距离。
那个鹊桥的约期,
真的会不会相聚。

两颗心的相惜,
挣脱地球的引力,
将对方带进梦里。
思念总是空挡滑行,
止不住想你的惯性。

又一个七夕,
看那么多男男女女,
他们应该对鹊桥的存在都不怀疑,
因为那是选择对爱的相信。
人生需要引导现实的梦境。

想你了

泪如墨

铺开就是一纸的图画

心如麻

纠结在相遇后的某个时点

其实我想你想得昨天又是一夜

不知道你想我占了多少时间

对着日记和相片

我只能这样让你出现在眼前

想你了

我的心早已停留在天涯海角边

沙滩上还有我给你写的诗篇

想你了

你的影子在脑海中不知穿越了多少光年

过去过了未来却还没有出现

想你了

迷失了自我在浪起潮落间

我何时可以把自己投进放生池里面

人　海

我坐进时间的方舟

行驶在人海

一波又一波的海浪

翻着日历记着时光漫漫

岸边的沙

听岁月流淌

孤一人不问沧桑

日起月落换一种孤单

伴一人从此天涯

若成流沙便陪着石烂

总有一个人扬着风帆

千里迢迢为你而来

纵使它岁月流长

也会载着迟到的温暖

我是岸上的柔沙

你便是那一片绚丽的晚霞

度日如年

夜深了
你还没走进我的梦里
越在乎就越苦
度日如度年
时间也疲惫地变慢了一些

夏天快要结束
秋天会结出怎样的果
树上随风摇啊摇的回忆
早已经挂满了枝头
想你从花开到花落

越在乎就越苦
陷在无边的沙漠
炙热的伤心焦灼
想你从日出到日落
时间无尽何处挣脱

FAN SHI YU JIAN

痛觉神经钻进了你的身体
离我越远就拉扯得越痛

晴天下着雨

晴天下着雨

路上的行人好孤零

他们是否在寻觅

那一个选择命运的硬币

正面是你

反面离去

雨水再大也难以冲洗

我对你的感情

看着天

太阳那么绚丽

出去却这样淋了雨

心里变得伤痛眼睛也湿

我猜不到彩虹的秘密

也不想去理

时晴时雨的天气

是应了谁的心情

无法抵抗你的温柔

我知道我无法抵抗你的温柔
害怕自己陷入你的眼眸
所以走得决绝不敢回头

你知道我无法抵抗你的温柔
爱我的话怎还说得出口
伤我心是你早有的预谋

我知道我无法抵抗你的温柔
只有一个人在夜里自首
黎明找回属于我的自由

你知道我无法抵抗你的温柔
在我的理性落单的时候
抓我判做你心中的死囚

我知道我无法抵抗你的温柔
选择逼迫自己离心出走
逃离你的星球你的宇宙

疗 伤

湖边石缝的细流
与亭子里的虫子和鸣
奏着交响
疗以恋人的无声

夜渐深沉
送一个梦陪伴
残月挽着星光簇拥而上
疗以一个人的孤单

熟悉的雨在眼前下得冰凉
随雨的思念流淌
昨夜的小草开出了花瓣
献上新一天的希望

冬日的体温

睡一下午把空气捂成体温

打开被子又冷却了梦

闭上眼睛加温

抵不过外面风的冷

穿上外衣防御雪落的无声

还记得相拥

风也不会冷

围在四周堆起两个人的城

血液在沸腾

口袋还温存

还有暖暖的眼神

还记得相拥

风也不会冷

围在四周堆起两个人的城

血液在沸腾

口袋还温存

还有暖暖的眼神

FAN SHI YU JIAN

下一个冬天

只有一个人

风吹回忆撕开了裂痕

好冷好冷

还记得相拥

风也不会冷

围在四周堆起两个人的城

血液在沸腾

口袋还温存

还有一对暖暖的眼神

有没有人给你

挡风的外衣

放在心里度过了冬季

有没有人让你

想起了曾经

你的手放在我的兜里

我的心里

下辈子

电影散了路上行人少,
是夜深了世事停纷扰。
那一条见证多少车马的人行横道,
有人相遇有人离散在人潮。

目光重合或擦肩而过的人儿,
似曾相识或只有陌生,
相视一笑或视而不见,
故事开始或再无延续。

上辈子　你究竟是一个怎样的人,
和我有过怎样的缘;
下辈子　我将会是一个怎样的人,
会和你发生怎样的故事。
下辈子　我们会不会再相遇,
我变成树你化作雨,

FAN SHI YU JIAN

还能够认出你（我）的身姿；
下辈子　我们会不会再相遇，
笼罩在白月光里认出你的朱砂痣，
一眼便知是你（我）的样子。

下辈子　我的剧本已经写好了，
谁来演都是幸福的主角，
听那满满的对白，
看黄昏下斜阳一对身影长，
不论举案伺书香还是仗剑走天涯。

夜深沉世事纷扰停，
你在演谁拍的电影，
下辈子会不会放映。
把你带入我的回忆，
这样子算不算相遇。

星 火

夜深了也没能平静我的想念

一点声音都感觉是你呼喊我的名字

站窗边找你的身影

每一处都有痕迹

一颗星　点燃了夜空

燃遍了我的内心

每一个细胞都是你

穿梭我全部的生命

夜黑了也没能遮住我的眼睛

一点亮光都以为是你的缩影

站窗边找你的身影

每一处都有痕迹

一颗星　点燃了夜空

燃遍了我的内心

每一条神经牵着你

感受你所有的呼吸

一颗星　点燃了夜空

　　　燃遍了我的眼睛

　　每一个角落都是你

　　无论窗台还是天边

　　　睁眼闭眼都是你

　　从白天一直到梦里

一颗星　点燃了夜空

　　　燃遍了每个角落

嘘　世界请小声点

不要打扰我的宁静

　　　　让思念蔓延

　　　　　就这样想你

情 殇

你来了

解封许久的记忆

你走了

却尘封不了短暂的相遇

扔一块石头荡一波涟漪

却再也不能平静

我试着平静

却情不由衷

任你的身影占满整个脑海

痛觉神经钻进了你的身体

离我越远就拉扯得越痛

我试着平静

却不能自已

任你的言语吞噬所有思考

FAN SHI YU JIAN

感觉呼吸的空气都是你

一种快要溺亡的痛

头脑像装了磁铁

牢牢吸着你的身影

一刻不停息

现在的你

在哪里

放手的委婉

你说在一起了就不要分开,

但只是一天的短暂。

瞬间孤独的相伴,

何必让明天左右为难。

这世间人海茫茫,

你终会有另一半。

不属于我的浪漫,

就要学着忍让。

陪你是好久不见的书函,

写两句问候的话,

说完了就要离开。

知道天寒捂手的温暖,

我不能管。

FAN SHI YU JIAN

夜深人静时间已晚，

我该走了该放就放。

时光不会伪装，

不要陷入不实的慌乱，

留一个微笑，

是放手的委婉。

陪你是好久不见的书函，

写两句问候的话，

说完了就要离开。

知道节日送花的浪漫，

是我不能造的谎。

夜深人静皎白月光，

最美是人心善良。

时光不会伪装，

不要陷入不实的慌乱，

留一个微笑，

是放手的委婉。

非 言

也许不会有期待

也许不会有未来

期待的不来

来了青春已不再

你好久眺望一眼的天空

映在我的眼瞳

爬上视线的末端

滑向你在的那个地方

说一堆没发出声的话

说完了自我取暖

不打扰别人的幸福快乐

也不回答你问的为什么

因为青春已不再

这就是久久盼的未来

这就是曾经的期待

无尽言语在时间里发着感慨

回 忆

回忆不痛只是沉重

牵扯着神经让岁月麻木

时光不老只是我们散了

记忆掉落我们走过的角落

你在哪儿呢

地球不大你却消失在人海

回忆痛了脚步沉重

麻木了岁月心还跳动着

我们渐老却不舍得遗忘

回忆铺满了我们走过的角落

你在哪儿呢

听熟悉的歌和故事却沉默不说

时光沉重回忆影重

有时分不清是梦是真

回忆总有一天会模糊

FAN SHI YU JIAN

曾经熟悉的街头也改了路
你在哪儿呢
是不是路边的梧桐总有一天会枯
回忆总有一天在生命里淡出

FAN SHI YU JIAN

风吹乱了云我的心在疼
看时间走得很认真
没有落下哪个人
只是这半夜三更
我们不是同一个梦的主人

一个人

夜灯的撮合

与影子牵手

握着走在初春的街头

星星看着我

或许也正看着你

是不是你也仰望着天空

问他我在哪里

一盏一盏路灯划过

奏着思念的旋律

一次次影子分离

一次次影子相聚

走着走着

乱了影子乱了心

我在一步一步远离

却不能忘记

记得你的气息

FAN SHI YU JIAN

记得你的语气

记得你对我离别的叮咛

只是一个人孤寂

我在一步一步走近

走近想你

想得影子分离

想得影子相聚

想得一颗心走进夜里

只是一个人想你

越走越近

乱了影子乱了心

跟着星星闪烁到天明

也不懂是天明

还是又回到夜里

就这样

一个人漫无边际

陷在灯影中远行

梦中人

日落了

暗了天空谁的手冰冷

我在看星星无助的眼神

是你在等

隐隐的身影夜变得深沉

风吹乱了云我的心在疼

看时间走得很认真

没有落下哪个人

只是这半夜三更

我们不是同一个梦的主人

夜冷了

冻僵伤痛只有心在疼

雪花飘乱了路上行人

天空好陌生

再没有流星的暗号你的行踪无痕

泪眼不忍

浇湿了倔强忘却烟尘

别再等

一世就好

每个人
都在背着时间奔跑
路多远
并不知道
每个人
都在对着心里寻找
问自己
想要什么
你或许也曾祈祷
有一个生生世世的怀抱
任你温柔由你撒娇
就算生死轮回也绝不逃
一直天荒地老

一世就好
这辈子放在手心抓牢
一世就好
随它过眼云绕
与你陪时间慢慢少
有一世就好

思 念

忽然听到一个名字

和你那么相似

就这样陷入了沉思

穿过人山人海的街

有人像你总多看几眼

对方的眼神否定了一切

那个"我们"只是初见

转角遇到的你不会出现

只有心里藏着画面

当情节再现

当心里默念

当眼前失控下成雨天

我一个人无眠

闪过你的脸

观 影

一部电视的剧情
像自己心情的倒影
想说一句同样的话
他是她,我向你
只是我的剧情
没有配音的背景
说出了更加安静

一部手机的屏幕
浓缩时光的脚步
也快进了孤独
按不下的视频通话
距离很近但现实又好远
像没有路标的高速
在不能回头中迷路

日 记

空间里的日记，

已经被你删除，

记忆在心里重复，

脸上的笑那么孤独，

虽然言不由衷，

虽然人去楼空，

我以为你懂。

一个陀螺在手里玩弄，

你的笑你的哭在脑中不停转动，

思念的牢笼，

将我束缚，

我不知道这份爱怎样剧终，

只有心里生生地痛。

天已入冬，

你的话还有余温，

FAN SHI YU JIAN

只是发黄的灯光还有些冰冷，
闭上眼睛深深地呼吸，
还能闻到属于你的气息。

日记总是写了又删，
记忆如风中烛残，
我以为你懂，
却发现这是解不了的毒。

这空间人去楼空，
一炬焚书，
灰飞独舞。

日记空白没了结尾，
就这样一并埋了心碎。

随了一句因缘际会。

未 来

下雨了,
掉落串串回忆,
碎开四处你的印记。
是不是痛的记忆,
会像种子一样埋在土里,
一到春天就会苏醒。

睁眼只有雨滴,
听不到你的声音,
在过去的回忆沉迷。
总想要一个未来,
未来是在未知的将来,
有一个已知的确定的你。

雨停了,
水流渗透每一个洼地,
淹没那个深藏的心底。

FAN SHI YU JIAN

是不是一个人，
会像青蛙一样留在井底，
看不到别处的风景。

闭眼都是幻影，
听不到你的声音，
在被窝里一个人哭泣。
总想要一个未来，
未来是在未知的将来，
有一个已知的确定的你。

骗　人

曾经我相信所有的话

不知道谎言可以连环假装

像真的一样

曾经我以为誓言可以永恒

忘记了四季也会轮换

也许单独的那一段是真

只是经不起时间的浮沉

就连四季也开始撒谎

分不清春夏秋冬

很多陌生人也像熟悉的面孔

像戴着面具一样眼神空洞

给我来一杯安静的夜

不加盐巴不加糖的原味

喝下了宁静入睡

给我来一杯初夏的夜

不加冰有点温热的滋味

FAN SHI YU JIAN

喝下了放下责怪

举杯共饮淡淡的茶水

快乐地不醉不归

一群善良的朋友

真诚地没有防备

邀月赏夜纯粹的美

FAN SHI YU JIAN

删　减

天地之间　是雨水通信相连

你我之间　有思念变得不远

就近在眼前　过去闪现

闭眼之间　会划过你的侧脸

转眼之间　你又会消失不见

旧情是燃烧的火焰

一夜无眠　伤痛难免

好好过现在　逐渐删减

直到　幸福变成永远

跨山越海　走不出你的终点

千语万言　道不尽对你思念

就这样难言　苦苦想念

闭眼之间　会划过你的侧脸

转眼之间　你又会消失不见

FAN SHI YU JIAN

旧情是燃烧的火焰

一夜无眠　伤痛难免

好好过现在　一年一年

直到　幸福变成永远

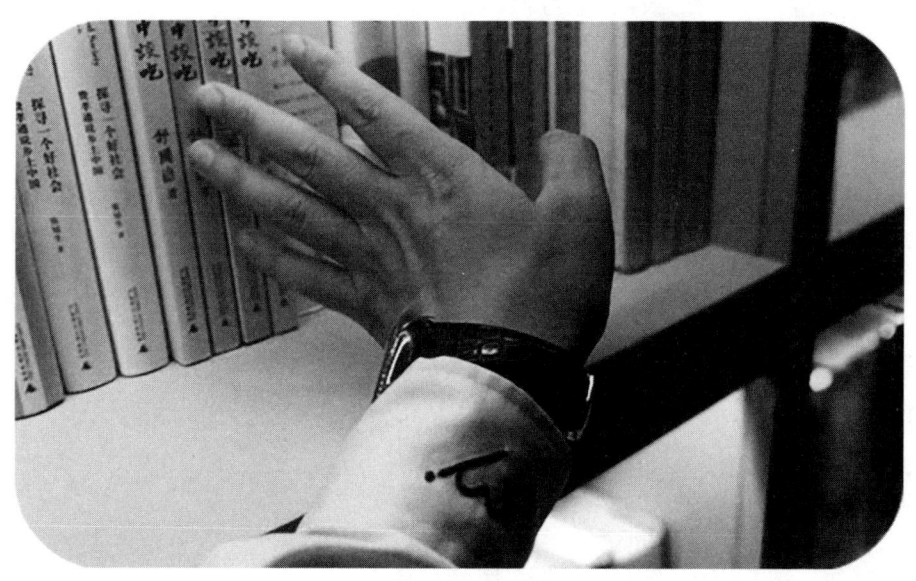

遗忘时间

手表停了

不指望它能给我指引

天空暗了

北极没有启明星

是这样的天气这样的地点

让我忘记了时间

忘记了时间

值得的就藏千年

过去的失去也是宝贵的经验

又何必追究以前

是你的出现还是本该有的缘

担得起的苦辣沁心里的甜

遗忘时间

历史车轮滚滚向前

有喜有悲在所难免

现在和未来快乐永存

过去的不如意不用再念

珍惜眼前随他逝水流年

遗忘时间

一分一秒就在投足之间

不知所以才是冒险

晴天的夜空星辰再现

人生的舞台尽情去演

时间总要护生活的周全

FAN SHI YU JIAN

总在梦里寻找你

穿过时间的南墙

撞上记忆的伤

想 你

挖个坑埋了痛

掩盖不住你的笑容

泪泛滥滑过脸

模糊不了你的双眼

满脑子都是你

好像在梦里

这世界所有东西都与你关联

你轻轻地说一声想你

就让我沉醉一整天

你轻轻地说一声再见

能让我丢了所有明天

挖个坑埋了痛

掩盖不住你的笑容

泪泛滥滑过脸

模糊不了你的双眼

好想好好爱你

却只能自语自言

小 说

那个地方是你的王国

有你的童话和传说

某年某月出现的我

打乱了你的生活

那个勇敢无畏的你

开始变得脆弱

也许童话里

你也曾是我

相像的自我

我试着挣脱

避免你的堕落

那个勇敢无畏的你

回归原有的生活

某年某月离去的我

是你曾写过的小说

那里还留着我的段落

梦里寻她千百度

总在梦里寻找你

穿过时间的南墙

撞上记忆的伤

你的足迹刻下的痕

一道又一道

总在梦里寻找你

踩着海角的浪涛

上了孤岛的岸

那些陈年的过往

一幕又一幕

总在梦里寻找你

你的影子和你的味道

转身的微笑和沁鼻的发香

激活某个记忆的细胞

时间有时在书写有时在抹逝

只是重复抄写的记忆抹也抹不掉

十年之后

如果　已经知道十年之后的现在

你见我　像普通朋友仍还要假意公开

如果　你没放下我还残留着爱

躲不开　面带着笑容夹杂不舍的神采

你还会不会陷入选择的无奈

还会不会选择重来

见面以前独自无数次地彩排

见了面以后都不是原先的对白

这种忐忑证明太在意你的存在

就算十年也没有更改

如果　已经知道十年之后的现在

你见我　像普通朋友仍不敢爽快公开

如果　你早已经有一个心中所爱

FAN SHI YU JIAN

就不要　面带着笑容夹杂不舍的神采

不管该不该　已经退出了比赛

你再没有选择的无奈

时间不会轻易将一个人出卖

洗去了以前掉落在心上的尘埃

这种洗白印证了一个人的存在

归还了自已感情的债

种 毒

街上行人不多灯光昏黄冷落

已经不想你很久了

看着天气还不错

你突然说来看我

一句都不啰唆

我还没反应过来只觉手足很无措

三言两语无法述说

一个拥抱将所有囊括

就这样你也没有给太多

然后匆匆又别过

你在我心里下了毒

没给解药就走了

让我一年半载得不到解脱

你怎么狠心下了毒

没给解药就走了

也至少记下这段时间我脸庞的轮廓

FAN SHI YU JIAN

你还是给我下了毒

没给解药就走了

留一条灯光明亮的街和孤单的我

街上行人不多灯光昏黄冷落

你在我心上沉得灵魂无法挣脱

你在我心里下了毒

没给解药就走了

让我一年半载得不到解脱

你怎么狠心下了毒

没给解药就走了

也至少记下这段时间我脸庞的轮廓

你还是给我下了毒

没给解药就走了

留一条灯光明亮的街和孤单的我

你没给钥匙却在我心门上了解不开的锁

别离苦

你载着思念来到我的城市
说傍晚的风是你唱的歌
你目光投一注久违的期待
说夕阳的光是你爱的轮廓
你斟了一杯孤独赠予我饮
说干杯祝我们再见快乐

那一列出站的动车
唱起了离别的情歌
一声长笛一个转弯
留下铁轨旁绿灯变成了红光

以后的时光
不是我陪你日暮黄昏
你的嬉笑怒骂和画下的年轮
我笑自己猜不中的愚蠢
已尝过苦恼循环的思维
我劝自己装作没心没肺

头　纱

夕阳西下进了谁的夜晚

涂红了天空那一片晚霞

　　大山后的余晖

　　像新娘的头纱

　　等待我的迎嫁

你是暖　是爱　是希望

　　照亮我前行的步伐

　　夕阳西下的那个傍晚

　　你我约定一起看晚霞

　　　暖暖的余晖

　　　像新娘的头纱

　　　披在你的头上

你是暖　是爱　是希望

　　熔化我路上的心酸

初 见

天未亮风微凉

我车停在你家楼下

云朵提着一盏月亮发出微光

照着大地陪我迎接初冬的朝阳

风拨云为月亮盖上被子送她入梦乡

晨光朦胧隐隐听到你走来的脚步声声响

梦里来的姑娘我依稀记得那时模样

你送我的唇膏还散发着清香

天微微亮晨风依旧凉

见你走来心中生暖

月再也不是月

是你的模样

假 睡

我以为是风吵醒了我

原来是你

在脑海里晃来晃去

我以为是夜太过寂静

原来是梦

像咖啡因让人清醒

醒来看不到你

只有自己

这样的梦的结局

怎么能让人甘心

我假装不醒

我以为是风传来消息

原来是夜

又把人群疏散去

FAN SHI YU JIAN

我以为是梦召唤相聚

原来是痛

又一次留我在回忆

醒来看不到你

只有自己

这样的梦的结局

怎么能让人甘心

我假装不醒

风是我呼出的气

带着梦里的话音

你好好听一听

辨别你是不是也在梦里

如果你也在梦里

那我继续睡个不醒

刹 那

刹那
是一转眼就过的云烟
脑海中的画面时隐时现
刹那
是没有故事承载的情节
一晃而过的十年
刹那
是遇你的一见钟情
思念的招之即来
刹那
不知不觉中岁月变迁
熟悉的城市也换了容颜
刹那
夏雨急匆草木泪崩
湿了大地一片
刹那
穿过熟悉城市的夜
却顿感孤陌的情绪错觉

FAN SHI YU JIAN

这个浩瀚的夜空
有没有人久别重逢
月光的温柔也抚慰不了心痛
奈何时间这么匆匆

新伤旧痕

这样的痛并不陌生
像进了沼泽越陷越深
那淹没胸膛的痛啊
是不能动弹有气无力的挣扎
你走也不算长
我心乱如麻
时间再久不过是多一些惩罚
是多久没愈合的伤

是好了伤疤忘了疼啊
还是现在的痛还不够深
我拿出日记揭开旧的伤痕
多么深的痛啊
那一道道刻骨铭心留下的疤
该放手了啊
这新伤旧痕无以复加
别再以爱的名义伤他

冷 风

不知道该说些什么

脑子乱乱的

空调是冬天的囚

在夏天放的风

十八度的冷

昨天的相拥

已没了余温

再也感觉不到

你的温存

放下所有期待

笑着面对宣判

不管结局怎样

我已不能假装

脱掉外壳让自己

一个人承受悲伤

得不到的人

脚下的路总也走不完

是你让我停住了步伐

你披着长发美得像女娲

造了我们的神话

你是最美的那幅画

聚焦着我的目光

可你住的那个村庄

是我到不了的彼岸

你是我得不到的人

梦里面一起走的人

你是梦也罢却是真

路还在延伸漫漫

再不是熟悉的脸庞

你长得可爱笑容也很灿烂

可不是我的期盼

有的友谊也美得浪漫

就适合远远地欣赏

你住的那个村庄

会有停靠的小船

我是你得不到的人

像戏里的龙套

演一段相遇在梦里散场

梦里相拥

我　心事重重
星星时不时眨眼回应我的倾诉
这个浩瀚的夜空
有没有人久别重逢
月光的温柔也抚慰不了心痛
奈何时间这么匆匆

人　林林总总
命运安排我们相遇在人海之中
那一份情有独钟
难忘怀的怦然心动
月夜的苍茫也吞噬不了眼瞳
满满都是你的面容

我两眼空空
过往的情景和曾经的感动随风
就这样眼泪失控
吹着夏风心在寒冬
在一个时空却找得水尽山穷
只能够在梦里相拥

无法释怀

有时想自己的可笑

你喝过的杯

放在那里静静地陪

陪我重温普洱的味

对着你坐过的座位

错觉椅子的扶手是你在依偎

这种假象来来回回

是思念对我犯下的罪

有时觉得自己无可救药

无眠的夜

不愿写上剧终的结尾

站上思绪的悬崖

就是不愿后退

只有滴下的泪

跌下了碎

一夜一夜把我的梦摧毁

时光如水

我忙忙碌碌

淡化思念的苦

那些唱过的歌跳过的舞

在夜深人静里虚无

那么多追的梦要试着放弃

那一年爱的人不可能还在原地

时间是毒药解了思念的苦

却老了容颜中了岁月的毒

时光本是一汪清澈的水

因为思念所以有了甜苦的滋味

因为往事所以有了不同的颜色

因为融进了大海所以找不回来

痕　迹

流星的痕迹

是许过记在心中的愿望

月亮的痕迹

是每一个想你的夜晚

路上随行的身影

是迎着光的痕迹

在脑中弯弯曲曲刻下的痕

是记忆

就怕往后你的信息

像哈雷彗星的相遇

就怕你离去

也带走了身影

记忆的旧伤

是你走来有痕离去无声

爱情过客

我不愿当一个过客
在人生路上跋涉
不想四处寻觅着
我真的累了

曾梦想自己会是归者
却认了我只是个过客
想停下脚步不问什么
想好好珍惜属于我的
在最后瞬间被你
肯定得那么痛彻
我能分出思念的成色
我只是你的过客

过客的爱情
在时间中漂泊的日记
把你深深囚禁在心里

过客的爱情

日记写得有点凄迷

总是忘也忘不干净

想要好好珍惜

却被你拉远距离

也许命中注定

这只是个过客的爱情

过客的爱情

一场未看完的电影

留着回忆夹着伤心

日记里的事情

有些幸福描写得那么具体

夜只是时间的灰烬

烧去了曾经

只有告诉自己

这就是过客的爱情

FAN SHI YU JIAN

明天的太阳落下还升起

只是我还挂念着你

不管谁是谁非谁又身不由己

过客的爱情

被遗忘的日记

在翻开时想起

当我离开的时候

月上西楼日出东方

当我脚步踩着晨光

请你继续把美丽的梦做完

知道了时间的谎

所有的真心都是你的杜撰

伤心也要假装得委婉

外表的坚强总要超过心酸

月儿太亮无法整理的心乱

一点点的痛流出了眼眶

当我离开的时候

请不要心慌

岁月的笔给每个人做了备忘

曾经的故事在未来流传

走远了也带不去遗忘

当我离开的时候

FAN SHI YU JIAN

地球依然在旋转

回忆如果埋进了冰川

请欣赏流星滑落的狂欢

雨

雨是失落的云,

云是流浪的雨。

风吹乱了雨,

夹杂着一丝丝思念,

推走了云,

渐渐远去。

我是飘浮的云,

没有方向的思绪,

只是一滴一滴,

洒满了大地。

天上掉落的雨,

哪一滴是你,

望着碎在心底,

伤痛了心,

却无能为力。

我踩着重复的足迹,

看车去的痕迹,

只有高楼留下的阴影。

我怪自己无情，

为何没有多一天珍惜，

我想我已经迷失在过去。

FAN SHI YU JIAN

你的言语思绪,重叠我的文字
可能不止巧合,应是遗忘的约

谢幕的舞台

我踩着开场的节拍

误入幸福的安排

走不下谢幕的舞台

剩一段没有对手的对白

你怎么舍得离开

留下我傻傻发呆

幕后的独白

说我已在你的胸膛之外

阳光的邮差

寄来一张铭牌

印着你的另有所爱

安 静

没有公鸡打鸣

但夜还是会醒

就像无人提醒

我也会想你

树叶的飘零

不足以衬托夜的寂静

每当想你

所有的星辰无语

不管多远

我都能听见你的声音

就是这样的静

让风更轻

让梦更加清晰

失眠夜

我睡得浅，

一晚都是梦里的片段，

一会儿笑一会儿伤。

梦里你曾来过，

披着洁白的月光。

今夜有风来告，

说你已离乡。

我坐起靠在沙发，

做睡的假装，

一会儿闭一会儿睁。

是情绪的错觉，

以为亮着灯就能走出夜晚。

今夜有雨敲窗，

揭穿了梦里的谎。

遇 见

我在你的附近大口地呼吸,
我在你的附近淋着大雨。
我想空气会传播,
雨水会流动,
它们也许可以传递。
如果感应有距离,
我离你尽可能地近一些。

呼吸里总拌着记忆,
找寻熟悉的香气。
雨水没有成线的断断续续,
记着路过的朝夕。
每一滴水都带着感情,
不然它如何湿了土地,
也湿了那么多人的眼睛。

淋一身雨,
何尝不是一场相遇,

FAN SHI YU JIAN

湿透的衣服抱紧了身体，
雨水划过脸颊的熟悉。
路上行人无处躲雨的似曾相识，
孤独无助的风雨交织，
这样的记忆重逢又岂止相遇。

树

看

云儿飘

那是自由的小鸟

在天空可以尽情地遨游

开心时与阳光嬉笑悲伤时自己泪流

不需要关心我是来自哪个海洋哪一条河流

有缘分一起牵手欢笑就好像感受着时光倒流

我的愿望其实不大也不怕别人说我有多么渺小

我只想做一只小鸟

像一朵云飘

来来去去

跟着你

最重要

我最怕

奈何桥

忘了你

忘了所有

记着好

心雨成新

醉酒如水

梦里今生

花落香随

遗忘了痛

触摸你的温存

麻醉了伤

只有幸福与快乐的轮回

花牵着风

是你身上的香味

抽干了泪

只有你迷人的眼神

丢失了梦

只有你真实的人

爱你的土

长出想你的树

绕着甘苦相依的紫藤

东太平洋

太平洋的东岸

一阵又一阵的海浪

潮湿了沙滩

细软的沙子沐着阳光

触摸依稀有你的温暖

手捧着沙

漏了红霞余晖

随风飘落遍地凌乱

归港的渔船

捕获了多少鱼子的离散

那些海面的玻璃瓶

装着多少不舍的愿望

将会泊往何方

翻滚的浪花像胸膛

止不住的心伤

FAN SHI YU JIAN

海水连接岸的两端
将地球分成两半
一半冰冷一半还暖
一半白天一半夜晚
我在太平洋的东岸
你又在何方

太阳雨

细细的雨丝

牵着天上的白云

那一缕吹过的风

划断了线让云飘远

阳光穿透云层

在地上画下万物的身影

风围着树叶

唱起了舞曲

一滴滴的太阳雨

是白天的流星

贪心地许几个愿望

让玫瑰绽放在二月三十

为何是黄昏

为何是黄昏?

为何我们约定在黄昏?

哦,看看飞翔的小鸟吧

它们在黄昏归巢

这样准备投入夜里,就像

就像准备把一半的生命分享给你

黄昏,当太阳脱下白色外衣

露出金黄色的胴体

缓缓步入蓝海的浴池

然后洗去往日的伤情

在波涛的摇曳里睡下一夜安宁

床头的月亮灯

陪护着一宿柔情

FAN SHI YU JIAN

黄昏是梦的入口

所有失散在这里碰头

这样的约定多么靠谱

你不在手里

我也能把你带到梦里

你在梦里

我就能把你握在手里

凡世遇见

你在浩瀚的星河
追逐落地的光
我在苍茫的人海
朝云深处仰望
你我渺若微尘
却在凡世遇见
过往并非无缘
只是圆前的残缺

你的言语思绪
重叠我的文字
可能不止巧合
应是遗忘的约
你我虽隔时空
但在凡世遇见
这一定是缘分
而且久别重逢

FAN SHI YU JIAN

你在望不到我的地方

我也见不到你

只是知道世界里有你

你也知道还有我

你我都将化作尘埃

终会在凡世遇见

有的无情别离

尽是有情归期

FAN SHI YU JIAN

当我们把很多要表达的话浓缩成几句，就有了所谓的"诗"，当我们再附上情感的旋律，它就可以做一首歌词。

我喜欢将心情书写在纸上，这些文字，我把它称为"绘"出的歌儿。我喜欢念着文字，想象着它们诠释出的场景，我把它称为"唱"出的画儿。

有时半夜想到，有时突然来个灵感，我会马上把它记录下来，甚至，有时因为一两句表达十分贴合自己的心意，而高兴得一夜无眠。

我不是诗人，我只是自己的情感打字机，这些可以前缀不同形容词的歌和画，是我的一种热爱。

看，爱的底色

FAN SHI YU JIAN

白色的花瓣掉落在地上
随着风流浪
只为一阵芬芳
重拾你的遗忘

等 待

春夏秋冬

我不在

你还来

月起星沉

我不应

你仍在

知道我在西边

你便对着晚阳

只为遇见那道

我的目光

知道我在东边

你就面朝大海

只为听见那声

我的回响

我枕着星辰而眠

你披上月光入梦

近或者走远

FAN SHI YU JIAN

只是执着于

许下的愿望

遇或者不遇

只是执着于

心中的信仰

等 候

一棵原地守候的老树
坚定抓着根下的土
不怕风尘仆仆
执着着自己的路
等待是时光荏苒间
最艰辛的跋涉

深秋之季
叶子摘下老树的嘱咐
在风里倾诉
它是老树迈出的脚步
在岁月流年里
留下一路印记

老树究竟在等些什么
斗转星移的轮回
是它在等候
还是有人在等它
它的双手不断伸向天空
是要接住希望
还是迎接拥抱

战争与和平

我在金黄的稻田

与阳光嬉戏

手中的相机

留下四处的风景

静止的大山

是夕阳的怀抱

蔚蓝的天空

是稻田夜里的被子

你踩着破碎的瓦砾

到处寻找一隅安宁

手中的相机

勾勒着心酸的画笔

时而震动的山脊

压不住心中的恐惧

天上乌云的狰狞

吼着雷声的回音

昙 花

黑夜里你寻找着谁

是孤独是珍爱还是远方

那敞开的怀抱不怕受伤

只为一瞬间的绽放

拥暖你的期盼

带走你的彷徨

绽开的花瓣像一道耀眼的光芒

照亮你的夜晚

慰藉你的创伤

白色的花瓣落在地上

随着风流浪

只为一阵芬芳

重拾你的遗忘

夜色揉合所有的念想

就像一阵风又带走了花香

白云之上

飞机在云端飞翔

我在打不开的窗里遥望

平流层里没有雨

不用悲伤

天上仙境一般的幻象

以距离为代价

飞得越远

驻留越长

涡扇使劲轰鸣着

要摆脱重力的羁绊

但终还是

要回到地上

孤独无伴

消散的云被平均了颜色

阴暗的天收回了影子

孤独无伴

每个人每棵树都在风中落单

脚步的匆忙不知道方向

落下的树叶谁还能分辨

它来自哪棵树上

不同的风向不一样的坎

吹乱了落叶各自忧伤

孤独无伴

风不停地呢喃

只是谁懂它说的话

捧一束花香四处流浪

撞在冰冷的城墙

碎了一地心乱

孤独无伴

夜冷了白日漫长

看星星的召唤

在找寻凡尘的迷茫

那忽明忽暗的闪烁

是无泪的伤感

孤独无伴

四下里不知何处躲藏

笑着伤心的绝望

毛毛虫

我是一只小小的毛毛虫

缓慢蠕动触摸着每一段行程的路

我知道这世界有风有雨

但我不曾放弃梦想

当我闭关织起茧

当我破茧冲向蓝天

那些爬过的山原来没有那么难

那些走过的远途原来也没那么长

快看

白云和我一起飞舞

绽放的花朵与我招呼

我是一只小小的蝴蝶

我舞动着翅膀穿梭在原野

虽然我没有机会感受四季的变化

但我依然感恩这个最美的花开时节

当我与蜻蜓追逐嬉戏

当我与小草轻轻偎依

那些捕猎我的鸟蚁也分不走我的快乐

那些凋谢的花叶陪伴我远行

快看

湖水在帮我拍照

阳光留下了我的身影

下一步

天空暗了太阳躲藏

看不到光就这样走散

我的下一步

求神仙也不会来指路

总是无奈地一个人享受孤独

你的下一步

会是怎样的命运投注

与我共舞还是为我祝福

我们的下一步

每天为了逃避而忙碌

试着聪明又在人前故作糊涂

下一步

谁会为谁付出

那些猜不到的未知数

是日历上的重复

虽然相似

却再也回不到当初

你要去何方

在旅行的路上
没有星星的夜晚
脚步有些慌乱
一时迷失方向

曾经的年少轻狂
是单纯的喜简厌繁
爱憎由心的果断
何必在幸福的路口张望

你要去何方
何必黑暗中迷茫
举起心灯照亮

再不是情仇难断
因缘而来随缘而去
放下那些无辜的过往
何须兜兜转转地彷徨

FAN SHI YU JIAN

你要去何方

何必黑暗中迷茫

举起心灯照亮

你是不是也曾

徘徊在某个时候

不知往左还是往右

在幸福的岔路口

没人预知路的尽头

是快乐还是哀愁

只有你知自己生命的中轴

谁是你的宇宙

你要去何方

何必黑暗中迷茫

举起心灯照亮

一日惶惶

把梦伤痛了

留下心事一桩一桩

凌晨醒来看着月光

在云层里彷徨

晨光已似锋芒

划伤了夜晚

蒸发的水气如血

一路流淌

火红的太阳

把风烤成热浪

很多的往事

都被吹向远方

傍晚冷却的沙滩

漂浮在潮汐上一片心伤

像沉底的石子

上不了岸

夜里又是梦的主场

只怕又在凌晨醒来

还未依暖的肩膀

在白日里暴晒灼伤

FAN SHI YU JIAN

是谁惩罚我回不到童年
放不下的执念
忘不了的誓言

知 雨

风吹散了月光

残了云

踉跄在空中

不知要往哪儿去

灯光黯淡

道路不清

眼里流的汗不知染了谁的悲伤浇到了叶上

夜上　回想雨打风狂

往事回首难思难忘只有赏星赏月赏这夏日花香

画香　手捧昔日旧照

那鼓悠悠淡香和熟悉的脸庞全都留在了心底

心抵　堵了泪堤口齿

欲把心事带去江河万里跨过千山又能说予谁听

心情档案

空调压缩着空气

把昨夜的泪抽干

窗外温度的落差

是阳光趴在窗上的挣扎

有些悲伤随着冷凝水滴下

在炙热的地上蒸发

变成气体在空中消散

化雾给窗蒙上了纱

两滴眼泪落两条线

哭过了那就是边界

白天夜晚的轮换

让心情按时间整理归档

数学题

岁月是一道难题

用每天计算等式

我不是数学家

困惑在过去与未来的方程

求解取舍的比例

求证幸与不幸的对错

合并时间同类项

减去抱怨与不甘

得解生活的宽阔

孤 单

我不是害怕孤单

工作也能与寂寞调侃

我也害怕孤单

怕过去的痛会复燃

孤单的时针在害怕时很慢

纠结于拿起还是放下

自己心里的冷战

我不是害怕孤单

一个人有一个人的模样

我也害怕孤单

看过去的孤影成双

沉浸于一个人的狂欢

像冬天的昼夜

白天短暂晚上漫长

寂寞流言

下雨的一天

天空阴暗着脸

冷冷的街边

有几只低飞的燕

没有歇脚的屋檐

直到飞远了视线

不远处有小孩哭得可怜

想到自己也曾泪流满面

把悲伤又抄写了一遍

是谁惩罚我回不到童年

放不下的执念

忘不了的誓言

众里寻他

漂泊的云在天空游弋
目测着与地面的距离
闯入烟尘张开的双臂
凝结成雨降落在大地
匆忙的脚步声声不息
在窗边屋檐奔腾寻觅
哪里有过风吹的痕迹
哪一刻是夜过的黎明

追风找回熟悉的自己
渐在流淌遁地中自愈
那些虚实不知的记忆
有时像风有时又像雨
汇成河与容颜偕老去
在梦中行近的目的地
原来这不是一场单行
原来梦一直种在心里

枯　树

风刮得有点轻

只是树叶照样飘零

在阳光破碎的间隙

听到落地的声音

静静在树下歇息

又是不经意

被踩成脚印

原来再大的树

也会有四季

冬天寒冷地来临

你走得无声无息

当你被风送远了背影

阳光刺痛了眼底的神经

叶子可以绝然地离去

再大的树也只能站在那里

等待下一个春天的相聚

天使的泪

窗户外面下着雨

玻璃透着伤心那么清晰

雨是天空流下的伤

打在窗台变成泪滴

听说天使有快乐没有感情

可我却不相信

每个人都希望自己快乐得透明

我也渴望听到天使大笑的声音

但是没有天空总是停在黎明

我偶尔也能感受上天悲伤的琴音

见到天使流下的泪滴

划落在外面的玻璃

留下一道道痕迹

夏 雨

外面下雨了

我的枕边怎么是湿的

半夜的雷声惊扰了谁的梦

夏天的高温

为什么没有煮沸我内心的冰冷

下雨了

在我的梦

会热的雨水

有些陌生

流淌着记忆中的匆匆行程

谁的呐喊如雷

念着你的名字声声

封 存

落叶锁了深秋

风带些冷

藏了还未结的花果寥寥

笔停在了某年某月

字迹有些模糊

讲着一段未完的故事

时间是天主的号令

收了所有到期的秘密

封住了过去存起了流星

把希望播种在梦里

封住我的伤口存起你的叮咛

让一切若无其事地开始

FAN SHI YU JIAN

如果花有归期

那一定是你

等在盛开的季节里

壳

小蜗牛徒步攀爬着

他总想去远方

比如躺在蓝色画布里盖着云做的裳

为了走得快一些

他放下壳加快了步伐

返程的路也更远了一些

经历了风雨

当蓝色画布和白云调成的透明雨滴漫过脚踝

他想起了那个安心的壳

路再多,走再远

出发的地方只有一个

家国凝成的壳是一层保护色

做善良的人

善良是一颗种子
给人破土而出的力量
善良是一盏明灯
给人幽幽心境的敞亮
善良是一团热火
给人寒夜中一丝温暖
努力做一个善良的人
向下扎根向上生长
幽处有声暗处有光
不负岁月不灭希望
努力做一个善良的人
在世事轮回中笃定方向
在时光流转中自我肯定
在追忆回首中安心坦然

大和禅苑

三百年古刹,
建而毁毁而建,
只因,
仍有归来人。

竹林深处山涧氤氲,
一檐青瓦翘首以盼。
是我来也。
你在等我,
我也在等你。

圆池方院,
汇聚天地之灵。
朝曦划云海而来,
星辰围院顶明亮,
虽在幽处天台,
却不乏人间温暖。

行近一里,
一拱石桥引渡红尘内外。
绣球花畔笑脸佛,
静观往来众生相。

FAN SHI YU JIAN

合十双掌躬身瞑愿：
三生有幸，
只为遇见。

那一缕烟香，
在大门处升腾，
院内法界妙音传来，
涤荡了山谷风尘。
沉浸其中的光阴，
除了想你，
就是清静，
一如风轻。

信步闲庭，
眼及之处，
是美物美景，
更是因了观者的心美。
入禅院的怀，
品茶室一杯茗，
带来久久的暖。
这一切或是初识，
抑或是三生三世的久候多时。

归　期

别伤心别哭泣

它不曾离去

只是过了这年的花期

勉强不来奇迹

万物有自然的规律

我们都应该自我批评

那么多贪婪的占据

水土之中生养了花的美丽

那些折断的枝

怎能养护它的延续

当季节来临

一阵风就会让它凋零

一滴水也会让它恢复生机

盛开与枯萎的样子

是它披上的四季外衣

如果花有归期

那一定是你

等在盛开的季节里

落 单

很多的伤心，

在疲惫的状态，

模糊伤口的痛。

很多的欣喜，

在醒来之后，

融化了笑容。

约定的相聚，

剩一个人远行，

留一袋沉重的行李。

磨了刀剑斩了烟，

吹了飘缈的誓言。

留一个昨天搁浅。

日记中独自可怜。

疲惫的心

心被拉扯着

是谁撕咬着我的脆弱

云被风吹乱了

他们都去哪里了

哭声窒息在心里

像在地窖中撕心裂肺地喊叫

那些清晰的昨天

全部模糊在眼前

快乐像地层的褶皱

拧断了我的节奏

我感觉自己无力得不能呼吸

就连呼吸

都压痛了神经

夏天的风

夏天的风

是春天的花

开在你守望的窗

开在天边的云端

开在你笑的脸庞

夏天的风

是天使的伪装

没有人陪的时候带一丝暖

流下的汗它帮你擦干

夏天的风

吹树叶不易落

只是轻轻摇晃作响

让你看到静中的动

作一阵陪伴

让你听到静中的声

作一场演讲

关于春秋和你的热望

童 年

转身不见

自以为是地相信你在背面

睁眼若见

终还是离去了不在眼前

有很多回忆愁苦

闷在心里那么些年

掏出来是泪

放回去是痕

想你了

我纯粹快乐的童年

萤火虫

你是天上的星
下凡的精灵
跃动于触手可及
让夜空缩短了距离

你是点在夜里的灯
不耀眼不强烈
却会让黑暗与孤寂
变得有声也有光影

落在凡尘的星
你是带着谁的使命
让人许一个愿
还是你就是一个愿
给人带去抑或为人送来
你是下凡的星星
依然不忘闪烁着光明

忘记烦恼

晚上九点半

月亮在空中站着岗

我忙碌着修改案上的文章

有人说我是工作狂

忙碌有时不只是工作

为了躲避胡思乱想

离开沉浸自我的迷茫

就像在沿海公路一路向南

没有岔路没有彷徨

徐徐向北的栏杆和一直陪伴的波澜

不停跑

忘记烦恼

让自己没时间思考

忙碌有时不只是工作

为了躲避胡思乱想

就像在沿海公路一路向南

没有岔路没有彷徨

徐徐向北的栏杆和一直陪伴的波澜

忘记烦恼

让自己安静

让自己知道

时光渐少岁月渐老

曾经的迷已无心揭晓

忙碌着就不用到处寻找

像皎洁的月光躺在海的怀抱

无须问波澜只要听一听浪涛

FAN SHI YU JIAN

月亮还悄悄躲在西边的云层
那一抹夜里透出的光
有没有你的梦

何 妨

惯性的依赖

被岁月的离心甩开

曾经的自己

在失意的墙角转不过来

过去的疲惫有你明白

如今心累了和谁对白

换一种生活的节拍

给自己这样的安排

适应昼的空白和夜的存在

退出岁月无情与记忆遗忘的比赛

那些耍赖和刁蛮

那些多情与孤单

都只是障眼的惆怅

一面暗夜一面白天

地球从未止步地自转

一段时间的流浪

哭一场又何妨

免 疫

人要学会自我疗伤

不然就会感觉夜晚漫长

容易陷入胡思乱想的循环

人要走出封闭的思想

才能见到一米阳光

看清自己灿烂的脸庞

人要试着选择性遗忘

心痛的时候趴着装傻

按着胸口把心压麻

得过的病身体会产生免疫

痛过的心才能积攒起勇气

失去的人会让我们懂得珍惜

母亲河

唐古拉山守护的希望
千里也能游到我的身旁
我遥遥等在太平洋的岸
听你娓娓道来
看你的脚步流淌

水面载歌载舞漂着你的快乐
心底我爱你爱得那么清澈
你路过的村舍和灌溉的庄稼
在蓝天下绘成绚丽的画
你滋养的大地
正开着多彩的花
鸟儿问你的名字
是江是河是海是千古的情怀
是唐古拉山的希望
是中华

黄　昏

太阳渐渐发红，

像被记忆扎的一个洞，

先是失血的苍白转而鲜红。

血洇成了霞，

云像医用棉球擦拭着伤口。

铺天可见的霞，

看上去多了一些温情。

怎道天是无情物，

这鲜血、这体温、这眼眶中凝的泪，

都代表了生命和感情。

只是他的情，

没有让每一个人察觉，

只是他像极了无情的冷漠。

黄昏慢慢老成了慈悲的夜，

像愈合伤口结下的痂，

像闭上眼睛浸润的梦，

像孤儿都进了一个家。

清　晨

时间零落的清晨
安静里依稀匆忙的脚步声
你在赶往哪段旅程

月亮还悄悄躲在西边的云层
那一抹夜里透出的光
有没有你的梦

晨曦洇染树叶的斑痕
没有缝隙里阳光的笔纹
你的故事写于哪个记事本

看着窗外的浮云出了神
那一声清脆的响声
是谁掉落的针

迎着光背着年少的梦
缝缝补补失意的伤痕

难忘的回忆是时间的记事本

车马不息的城门

谁会是归人

你是消失还是化成鸟儿等等

让我一天天目送着路人

夜里开灯醒来清晨

惊 雷

那是雨天的雷声
惊扰了小草的天真
一片暗黑的天空
撕开了裂痕

路上潮湿的夏天
有种沉浸的伤悲
来来往往的人们
过着不一样的人生

喜欢安静地，一个人
寂静地，只有雷声
泪水咸咬着伤口
痛麻木了就不会疼

吓到了沉沉的梦
像一个叫醒我的人
我微微动的双唇
让自己听到梦的回声

反 省

这不是我想要的生活

总觉得时间过得蹉跎

自己像一个陀螺

转啊转离不开工作

这不是我想要的生活

灵魂没有了寄托

孤独地与时间消磨

外表坚强内心却脆弱

想找个朋友却没有话说

想出去逛逛却不知哪走

没有方向少了目标

我好像迷失了自我

唱着别人的歌

想着自己的事

FAN SHI YU JIAN

那么累还要考虑对错
心乱如麻还不敢难过

这不是我想要的生活
我应该重新振作
勾勒幸福的轮廓
努力为之拼搏

行道树

你说

喜欢夹道的树木

看风吹过的婆娑

看阳光下的斑驳

看我从其中走过

你说

喜欢两旁的树木

迎风传递着倾诉

那是远处的祝福

向我走来的脚步

你说

喜欢左右的树木

交织着扶肩而立

阳光穿过的身影

在地面写下文字

你说
喜欢两排行道树
看着我由远及近
远远地向我招手
欢迎我回到家中

落日沙滩

夕阳换班

那落日的沙滩

风微清凉

暖色的灯光

扮着星月

制造浪漫

天边的晚霞

即将拉开帷幕

多少重逢与梦想

准备登场

古典乐和着一脚沙软

霓虹下人影摇晃

路上桌上墙上

都是舞池的中央

这前奏多么安静地狂欢

FAN SHI YU JIAN

一杯咖啡浮着心形的奶沫

杯里投射着密密的星光

既提神又容易陷入回想

喝下去这一夜不准备散场

那落日的沙滩

包容着伤感

它是夜空下的一处清朗

都在夜中

各自发光

那临水的一排沙滩

白天是江晚上是岸

它虽然不会说话

却在告诉你

似水年华

那落日的沙滩

是白天还来不及发完的光

换作的夕阳

路 灯

看清晨的路灯

左右为难

天色已亮

该是开是关

昨夜匆忙

月已无光

下起了雨

思念流淌

杵在路口

看多少人双影单

风一阵乱

将人流冲散

那到点的开关

终会按下

只有这人来人往

不动摇地陪伴

FAN SHI YU JIAN

夜雨有情,是它在寂寥中作响
夜雨无情,是它自顾自说话

落 叶

世界

填满了空气

如同耳边

充满你的气息

我左右眺望

不见你的身影

只有大地

将我抱紧

我辨别着

哪一阵风是你吐的呼吸

轻掠过我的身体

我仰望天空

白云向我致意

我挥手告别

回归了大地

春泥春泥

FAN SHI YU JIAN

我也许会成为你

假如我会是你

请和我一起

温暖这一片

我们生活过的土地

忘 记

早晨的钟声总是固定的旋律

只是鸟儿唱着不一样的歌

几人能听懂

它在夜里想了好久的话

清晨来临不知唱给谁听

时间真是宽广的河

不只洗去历史的痕

还会淹没旧伤的疼

记忆只是储存了生活的电影

谁在当真那样的梦

你看我的眼神好像似曾相识

就是喊不出我的名字

我们是见过面的陌生人

FAN SHI YU JIAN

在奈何桥的两头等着人

只是好像等了很久很久

记不起你就是我等的人

地壳运动

学习与生活相互挤压着

我的地壳在运动

不经意间两大板块相撞了

我的思想发生了严重的褶皱

成绩也经历了一次毁灭性的断层

我快风化

埋入古生代地层

思维像一块漆黑的煤炭

哪一天再挖掘出

将它点燃

爱的力量

爱的火山喷出激励的岩浆
熔化沿途的困难艰苦
生起团团信心的烟火

日界线上的脚步勇敢提起
手里攥着亲人的支持与鼓励
信心十足地迈向东方边界

是爱推动了地球的运转
是爱撞出了滚烫的信心
是爱许诺了生命的辉煌

用感激的唇亲吻给予的爱
用成功的奖杯回报给予的爱
用真诚的爱拥抱给予的爱
感谢给我的爱
亲爱的爸爸妈妈

——写于高中地理课堂

我的屋

晨曦透射多少光辉

窗户的玻璃

没心没肺地将它阻挡

我的屋好暗

煞视力的灯光

掠夺了我的思考

跳跃在墙上

又撞回到我的瞳孔

千丝万缕横穿左右

我的屋好乱

何时能够捕获阳光

放生在

我的夜晚

脆 弱

别了沉默的夜

阳光乏力地跌进宿舍

蜷缩在黑色的木地板上

我抱着温暖的被

真不想离开甜美的梦

爬下床

把梦放进抽屉

锁上　打开　又锁上

我的身影被无情地压扁在地上

黑色的地板变得更黑

望窗外

天空蓄谋已久的阴暗

太阳快累得出冷汗

FAN SHI YU JIAN

我蹲在地上抱着头

思想失意的种种

窗前的榕树枝在风里哭泣

哭声

窒息在我的耳里

光

时间总被时间遗忘

时光总被时光点燃

白天的光是宙斯的目光

在寻找希望

看太阳走向远方

换一个寻找的方向

又藏了一个夜晚

日子的增长像头发生长

太长了总要被剪断

初一十五的月亮

剪剪补补个没完

造了一艘又一艘

渡梦的小船

夜 雨

那是一群人奔跑的脚步声

匆忙且忙

那是夜幕下为晨曦接力的掌声

欣喜而狂

那是行云流水间轮回的交响

懵然且往

夜雨洗过多少烟尘

却洗不亮漫长的暗夜

夜雨借了多少心酸的泪

却流不尽世间沧桑

那地作鼓雨作槌的敲打声

平静了多少心里的零乱

夜雨有情

是它在寂寥中作响

夜雨无情

是它自顾自说话

失约的梦

我在等

等我们约好的七点整

等你从背后蹿出轻拍我的肩

可是

等到的一个个惊喜

都给了一个个陌生的人

该死的八点整的钟声

我倒退着慢行

希望时间也能糊涂一回

可是我在退

时间仍在飞

你在何处啊

黑夜的云找得满头大汗

一滴一点砸在我的脸上

时间无法退回

我在梦里与年少的自己走散

希 望

鸟儿欢快连续的啼声叫醒了沉寂的夜
清晨的光射进窗帘遮蔽的缝隙
像一枚尖锐的针
刺破一晚的暗黑
多少人在夜晚等候光明
那一道溶解黑暗的光
那一道标志黑白界线的光
那一道索引走向黎明的光

希望的千万种幻化
或许是一根稻草
或许是一句鼓励
或许就只是一道光
缝隙的通道进来的是晨光
出去的是黑暗裹挟的目光
两光相会的拥合
缠绕了新一天的希望
鸟儿可劲地助威旭日升起
所有过去都在今晨
带来希望

FAN SHI YU JIAN

虽然肩上没有行李
却不敢问自己
有什么放不下的东西

新　生

破晓的光像羊水一般

淌在白云上

新出生的太阳裹着雾做的襁褓

被两座青山从东海中抱起

啼哭声惊醒了百灵的嗓子

鸟兽虫鱼都前来探望

光，是他耀眼的名字

雨从云的土壤里长出

汇成了森林

地上的小草纷纷伸长了脖子

愉快地加入雨林的欢闹

风将花草的种子举高高

笑声在森林里飞扬

希望，在土里发芽

感动激励心灵

泪水浸红了感慨的心

一声一声响彻生命的心跳

世界的创造没有一刻停息

我们的困难又怎能让追求缺氧

人间的真情永驻

我们不能失去对生活的信心

纵使万水千山在我眼前穷尽

就算千辛万苦在我眼前闪现

我也要攥紧生命的缰绳爬上生命的终点

远 行

天空老儿已背上红色的行囊

那行囊装了昨夜一整宿吧

鼓得溢出了大地、海面和山脊

她是要陪我，陪我去远行

我拍了拍身上的衣，轻

没有行李

老儿的脚步踏过云阶、树影

一路风景也变了颜色

由红，渐白，又红，变黑

她是一团火，直到微弱

我拿起母亲的旧照，重

满是记忆

老儿估摸累了吧

我接住了她下的汗滴

溶化我的回忆

虽然肩上没有行李

却不敢问自己

有什么放不下的东西

荒　诞

日光灯与晨光起哄着

吊扇替颓废的秋天值班

这赤道上的天

没日没夜

这赤道上的风

没左没右

教室里就如热带沙漠气候

使我的心枯燥干涸

风

只带来一片片落叶

那落叶是意识流的写生

那风是荒诞派的绝笔

岂不是

落叶竟飘落到这教室里

风竟从我高压的头上淋下

荒 野

看着日渐憔悴的学业瘦比黄花，

伤痛的洪水淹没了心田。

千丝万缕的心绪中，

抽不出一根弹得清脆的弦丝。

烦躁的点点，

漏光了嬉戏玩闹的激情。

心情，

在荒芜。

成绩的原野，

杂草丛生。

人生的雨林里，

欢乐与哀愁总下个不停，

还带些，

隐藏的凶险。

——于高三上学期期末

逝去的

树杈上筑巢的小鸟

撮合着黄昏与感伤

啼唱着没有人知的恋曲

铺天盖地的夕阳残晕中

多少分离与聚合

枝桠突然断裂

插在没有血的地上

一切变得苍白

就连月光也披上了白色的丧服

老树深锁着眉头

那可怕的眼神让小鸟不得安宁

躁动在失去平衡的草窝中

凄凉地吹起号子

欢乐谷

水涌的清响,

从神秘的幽谷中传来。

耳朵在前面开路,

拉着脚步搜寻水声。

你在身后跟随,

要与我一起冒险。

爬过巍峨的大山,

穿过茂密的森林,

我来到了,你来到了,

我们来到了。

勺起一瓢清泉,

甜甜的,凉凉的,

甜透你的心房,

沁入你的肺腑,

融进我们的快乐。

你笑了,我笑了,

山谷也笑了。

笑声激起了水花，

水花跳上了石头，

石头默默地说：

就喜欢这种感觉，

　　在你身边，

　　快乐的身边。

累

傍晚

大山驼着夕阳

一步一步踏响归去的脚步

终于

它疲惫地放下夕阳

卧躺在黑夜中辗转入睡

偶尔传来鸟兽的声响

那是大山的呼噜

战胜自己

无助在我幽暗的角落建立了傀儡政权

在失落的扶植下悲凉掌权着我的领土

我号召我的良心、理智与思想

奋起反抗低迷的情绪控制

我们拉开了灵魂与躯体的战线

在正义与侵略的抗战中

我终于取得了胜利

挣脱了灰心的枷锁

希望与勇气重新回到我的政治舞台

领导着我的身躯走回光明的世界

六月重庆

阳光像战场上的子弹

扫射地面的人群

一个个无辜的身影

在四下里逃窜

弯道滚烫的石沿

带着奸笑

恐吓水与汗的抵抗

FAN SHI YU JIAN

我在安静时,是你,你的生命。
我在奔跑时,是我自己。

约 定

时间与理想　你我约定

在若干年后相聚

不管是春天还是冬天

现实与梦幻　你我约定

在每一个烦乱的夜晚相陪

不论眠着还是醒着

生活与脚步　你我约定

在每一条路上相随

不管哭着还是笑着

男孩与女孩　你我约定

为缘分举杯

不论香甜还是苦辣

过去与将来　你我约定

你抛过来的

我会好好地珍惜

将来与过去　你我约定

FAN SHI YU JIAN

没有你的日子里

我会好好爱自己

记忆与忘记　你我约定

每一个遗忘的笔记

再不告诉你

约定与约定的约定

是生命与幸福的婚礼

不能哭的年纪

我看到你红了眼睛
那眶里的泪如水晶
穿透现在看到曾经
谁都不愿重温伤心
用一声笑隔离

我看到你红了眼睛
知你踩了时间痕迹
看过去留下的脚印
记忆犹新的旧剧情
强颜说已忘记

我看到你红了眼睛
还来不及凝成泪滴
已是不能哭的年纪
懂得珍惜学会放弃
不该有的矫情

你若孤独

冬日的夜晚并不觉得冷
一里的人行道走成了十里
这样的往返或许还会更长更久
因为还没有找到歇脚的理由
脚步的行进可以阻止思想的流动
也可以不用关心灰茫天空的一片孤独
若不知归处
灯杆暂作你肩膀灯光抚你的无助
若不想止步
十字路口的一路黄灯陪你一起糊涂
若孤独
冬夜或许懂你的苦
每一个角落都藏一阵冷风与你倾诉
若孤独
冬夜或许可以一晚托付
腾出一街清冷许你一人独处
若孤独
可伸手与冬夜霓虹的冷光接触
然后试着扪心感受自己的温度
经风寒更知暖足

人生数轴

生活的年轮及人生的追求与周遭的事故

组成一生的数字分布在生命的数轴上

在原点的前后

我思索着正负轴上的正确错误

求解我的人生方向与创造的价值

事的方程与世的顺序构成的坐标里

我在命运加上奋斗的对应法则中

寻找我的映射

无论生活的区间是增是减

我只要在人生数轴上找到我的函数位置

路

问路，

应知归处。

毫无目的的脚步，

皆是迷途。

知道心之所往，

沿路皆为风景。

路远而行近，

不胜欢喜。

行路，

应思归处。

峰峦抑或谷壑，

不是天涯也不是海角。

蜿蜒至所达，

路远也安然。

知途而往，

行且珍惜。

雪

天　还是那天

地　还是那地

不同的　是那迷人的天气

原来寒冷如此有意义

快要使人感动哭泣

狐步　街舞　探戈

都是雪花的舞步

我们无畏一切地雪中站立

简直要把世界抱起

把一切烦恼忘记

雪飘是南方的惊喜

雪飘是古老的回忆

雪飘是老一辈的传奇

雪飘是我们青春的张力

雪飘是我们幸福的痕迹

世界如此美丽

FAN SHI YU JIAN

雪花如此具体

只是短暂变得可惜

早早就要别离

真想侧耳倾听

雪花归来的足音

为你　为你

把想象挽起

让世界

剩下你我美丽的寂静

听

雪的声音

——2002年，我在南方第一次看见下雪

家长会后

阳光冲破了云层，

探着脑儿在冬日里找寻，

那一页书扉的掠影，

写着多么纯真的曾经。

我捧着书从东水路走到福新路，

翻看自己会是书中描绘的哪一笔。

学校的楼墙一片白色，

印着冬日的残冷，

映着时钟的分秒，

要我归去，

我被吸入了这层细胞膜，

继续我的读书代谢。

风

我迷茫。

安静下来,

便被叮进两个洞穴,

然后剩一副还温热的骸骨,

再抛出洞外,

化作遍地游走的幽魂。

奔跑开来,

便会撞得头破血流,

粉身碎骨。

那淌过你脸的温热是我的血,

那亲吻你唇的冰凉是我冷却的温。

直到,

我遇见了她,

于是我便有了名字:

檀香、玫瑰香、泥草味、春天…

也有我不喜欢的称谓:

臭水沟、霉味、刀…

我迷茫着很多人的迷茫，

也随很多人去了远方。

我开始思考，

我来自何方。

我给鸟儿装上翅膀，

举起它向天翱翔。

我为恋人张开怀抱，

让她埋在我的肩上。

我在安静时，

是你，你的生命。

我在奔跑时，

是我自己。

我用急缓表达情绪，

用冷暖呼吸，

用所有的一切，

留下回忆。

夜行人

我在夜里醒来

去想白天不敢想

去做白天不敢做的事

比如带着忧伤回到童年

比如背着一箩筐思念去找妈妈

比如在人群中哭着喊着说此刻我的快乐

我穿梭在梦里

忙碌得充实一整个夜晚

有时淋一身月光

有时和星星捉迷藏

有时发呆到天亮

我行在夜里

永远走不酸的腿

也永远走不完的路

FAN SHI YU JIAN

我甚至像鸟儿一样飞翔

一会儿在东边

一会儿在西边

一会儿靠近昨天

一会儿靠近明天

苍茫的夜啊

它不像太阳熔化人的目光

它更像目光溶化人的思想

让你静静思考　前进　后退

遗 梦

晨光漫过胸膛

从窗外涌来

我坐在床边翻腾着

寻找昨夜做的梦

可就是找不到

但依然感觉它在

因为心里有一种物的压感

是遗忘了又不是遗失了

窗外的世界镶在窗户上

像那年的毕业相册

慢慢泛黄地老了

阳光更加波涛汹涌

强烈的白

一个浪头吞了记忆

似乎也吞埋了

丢在床角的梦的影子

FAN SHI YU JIAN

它比的不是浓妆艳抹,是
　　与风的歌咏,是
　　和春的新希望

游 牧

时光是一匹马

向远方、老死、永恒、虚无

一路驰骋

直到陷入天边的云

向儿童、少年、中青、老年

一路游牧

直到从马背上摔下

从没人真正驯服这匹马

只有它将一代一代人驯服

要么骑上它猎物

要么在它的铁蹄下葬身

扬鞭呼啸只是为天籁俱静的人生壮胆

无法让马跑得快慢

也不能左右方向

骑着马的人儿并不知何处是归时

只是一路迁徙

寻着水、草、足迹和梦

每个人都有一匹马

它们私通着言语

讲述自己将把背上的人

驼到太阳落下的山谷

讲述自己将和这个人

葬在风里、云里、雨中、梦寐之中

榕 树

天空哐的一声投下了夏天
闪电劈灭了西边最后的一线光
夜晚在哗哗的雨里泛了起来
白天的树绿、云白、楼厦
还有躲在闽江里不均匀的天蓝
都被淹没了
更别说小小脑骷髅里的那点思绪了
呼呼的风刮来路人奔跑的脚步
和车轮踩水飞溅的破碎声
也摇得窗外一颗榕树吱呀作响
那窗外的榕树啊
也该有点年纪了
白天的绿衣裳让他还伪装得年轻一些
这夜晚的灰暗让他背影苍苍
时而闪过的车灯

映照一片片树叶

一层压一层斑驳的皱纹

他许是老了,或者累了

这样的夜将万吨的黑暗压在他的枝上

就算只再挂一盏星

也会让他折断

闪电又狠狠泼了一盆煞白的光

浇得大地为之一颤

我看清了这夜幕下榕树的脸

这可怜的老树

在风雨中还要支挺着

身体的伟岸和宽硕的臂膀

因为他在意着我的目光

夏 雨

乌云抱了风的愁滚滚入红尘
一颗颗雨点像沙子
堆埋了城市的喧嚣
就这样一天天重复着
一遍遍掸着街道、树和落灰的教堂
铆足劲地擦拭着人们的视线
没有擦得更亮
反倒氤起了烟云
它像忠诚的仆人追着给行人擦鞋
没有擦得更亮
反倒湿了一脚的沉重
五十里外的乡村
青蛙在跳落的阡陌上滑出两寸
田垄颤颤巍巍地快被冲入沟里
满城都快被淹埋了
唯有还未熟的水稻
它们的声音像一块木头
浮在水上细碎地攀谈
聊说村里的那人该从城里回来了

晨 花

清晨的风呼喊着万物苏醒

一伙儿麦蓝菜在工地的新土上睁开眼睛

小脸上透着腮红

今天它也要在这百花齐放的季节里斗一次艳

它比的不是浓妆艳抹，是

与风的歌咏，是

和春的新希望

它是早晨燃起的一团火

从夜里凿钻出来的火星点儿

在车里村贫瘠的弃土场上宣言

对着一起夜来的草木

也对着移栽来到近处花坛的叶子花

它激扬地说

让我们朝着三江口（闽江、乌龙江、马江）

挺拔、怒放，把春开暖

日月星的假想

我打碎了夕阳
洒了一地残光
拾起拼成繁星的模样
然后闭上眼睛熄灭眼前的风景
让暗下的心做它的背景墙

我捞起一轮月亮
咕噜咕噜饮入肚中
然后静静躺在夜里
今晚的梦就会有光
照着行人要去的远方

我从树叶的缝隙描下星星
缓慢的脚步变成闪烁的星光
围在树影下簇拥说话
枝头结出不一样的果实
有月亮、太阳,还有你的模样

——源于网络发起的特定首句的填词造句

梦 想

风的翅膀是云

在澄蓝的颜料盒里打滚

沾着泥巴扑腾着追梦

梦的眼睛是雨

在一滴滴晶莹里瞭望大地

聚集一汪镜子打量着天空

雨润风成墨

风打雨成书

风雨笔写了无数的岁月

以前以为梦想总在远方

追了一个个春和秋

才发现梦想在原地

童年的纯真无忧

父母的宠爱嗔怪

原来这才是岁月的风雨

风趣里的童真

雨味里的深情

这才是梦想本来的样子

善恶之所云

蔚蓝的天,
用棉花堵着伤口,
依然挡不住锋芒刺穿人间,
一剑剑插进视线里。
逐渐染乌的棉花,
被一阵风拽了下来,
大地湿成哀伤的样子。
这无根的水,
有的落在法国梧桐的叶上洗尘,
有的随了污浊穿了黑衣,
有的钻进泥土哺乳树苗,
有的溶入江河失散人群。
如果风可以牵手,
如果我是云,
请让我再擦拭这一片蓝玻璃,
请让我柔化那一束锥心的光,
请让我洗洗大地的疲惫,
请让我也当一回母亲,
请让我干干净净地回到海里。

——写于阵雨天

深 夜

大地睡了

忘记开成静音模式

不知是鸟儿的梦呓还是鼾声

叽叽喳喳的絮语穿透窗墙

也穿透了外面的黑、房间的灯光

哦，它们也许故意

是要掩盖一夜小雨跌落的碎声

哦，对了

它们也许是要证明外面的黑

不是死一样的黑、吞噬一切的黑

哦，看外面

世界被一点点灯光渐渐照亮了

鸟儿衔着天幕撕开了黑

天蒙蒙亮了

夜更深，深到被厚厚地埋在了清晨里

蜡 烛

天空飘满了黑气球
她扭动着身体
双手接住不断落下的黑
手忙脚乱地
怕撑不起这个夜
怕掉下的是煤球
砸了悬在脑中的微笑

远处是黑气球爆破散落的灰
烛芯外的火焰像一把扫帚
不敢停息地挥舞着
她睁大眼睛
找寻着若隐若现的微笑
她的身子老得佝偻
但还在尝试让脚步迈得更远一些
那种穷其所有而即将力竭的坚持
让夜色战栗抖动
黑白浅浅的界限
围着她呈现浅浅的微笑

玻璃窗

你是凝结的空气
有无虚实的议论都可以接纳
因为你足够干净透亮
你是时光的鱼篓
你冲印过无数风景
却没有留下一张照片
你是一条游在视界的鱼
可还不及金鱼的七秒记忆
你遗忘得和光一样决绝

可是玻璃窗啊
窗内的取景口你只对着
熟悉的或者因他而来的人
窗外的视角你总面向
坚守的山或者因他而来的鸟
你不带来风景也不带走记忆
你不存在可又挡了风雨
你存在可又像是空气透明
你太像痴情的爱
默不作声却守在那里

FAN SHI YU JIAN

在通山的千层台阶上,他踩出钢琴的音乐声
每遇到一棵花草,他都要温柔地献吻

影　子

夕阳下

影子疲惫地靠在墙上

难以支撑地慢慢瘫软

直到在地上躺平

无处安放、四分五裂

碎片满世界逃逸

包覆了路、树、一切

只有一部分被灯盏撑破

被火烧成祭夜的青烟

直到跳进晨曦的轮回道

被撕咬破碎的影子

又从四面八方聚拢起来

从虚胖缩小到等比例

缩小到墙上

回到身体

还原了自己

爬行的光

阳光蹑手蹑脚地从远处爬来
不敢太大声惊了桥下未醒的乞儿
也担心走得太快绊了早起的人儿
在通山的千层台阶上
他踩出钢琴的音乐声
每遇到一棵花草
他都要温柔地献吻
因昨夜托梦人
托他找寻光阴的温柔
所以他每走一步
都像医用纱布包贴伤口
都像棉花糖捧上香甜
都像美好的回忆唤起快乐的知觉
爬行的光
是一只手
去往牵住另一只手
爬行的光
是似水的眼眸
去探望久未谋面的好友

我的爱

我爱北极的光

像梦一样璀璨

把黑夜描绘得多彩

我爱南极的企鹅

一身身燕尾服的端庄

把生活的拥挤过得像高雅的聚会

不过我更爱接近北回归线

生我养我的地方

这里的四季有我熟悉的模样

电视长着追光的脚

带我去了很多地方

书籍念着各种文字的密码

给我讲了很多的故事

可是我更爱自己编剧

和亲朋一起在同一个舞台

毕竟就只有这么一个世界

毕竟我的爱也受命于时光

太 阳

我闭上双眼

把世界漆成黑色

然后梦里的一切都像皮影戏

由一群影子制造无限的狂欢

大地扭一个身

顺手关了天上的灯盏

暗了的云朵慢慢压下来

人间就进入了夜

像我一样在夜里做梦

也有像月亮那样白日做梦夜里失眠

而所有的生灵都有一个约定

一同孵化明天的太阳

当新日敲开夜寐的壳

我们就醒了

像刚分娩完的孕妇

有了活下去的希望

紫茉莉

哦，夜。

其实我们都很熟悉，只是，

紫茉莉总为夜晚送去鲜花。

花香在夜里开放。

这漂泊的夜晚，

星星眼，月亮唇，他

那般熟悉又不敢相认。

太阳出来夜就走了，

紫茉莉也收起了花。

多少人在夜间从心里走来，

又在梦醒后离去，

留一丝未散尽的暗香，

证明夜里曾开过艳丽的花。

FAN SHI YU JIAN

写诗、编书……

我们每个人都有自己的梦想，随着境遇的变迁和时间的推移，每个人的梦想或增或减或继续坚持或选择放弃。所以，当我们有能力去追梦时，尽情去追，只要它是合法的，不违背公序良俗的。

我写过最早的打油诗，可以追溯到小学四年级，那时词乏，也不懂修辞平仄，但像顺口溜一样写着，自得其乐。这些是一种积累，也是梦的火苗。

如果可以，愿你也能静下心时总结一下过往，听听心声，了解心的方向，开始追逐，尽情去追。

追，心的方向

FAN SHI YU JIAN

梦里依稀少年时,
若干年后是老翁。

知我者

两行诗句枕酣眠,

梦里唏嘘问酒仙。

益友不知何处觅,

书声闻是故人颜。

赠光聚法师

青山彩云竹林深,

大和禅音待归人。

佛前燃起长明灯,

修身养性忘红尘。

于 夜

山高望尽千里遥，

疾风难送呼唤远。

静夜无缘梦中会，

落雨尽是相思泪。

恨 短

香花一日一生路，

无奈匆忙轮回去。

只把千秋睡梦里，

但怨五更是一夜。

风　雨

水作丝缕思绪长，

风叫叶哭也愁缠。

风雨总伤窗前影，

往事还忧心头上。

清　明

清明无雨也无风，

只是匆匆难相逢。

梦里依稀少年时，

若干年后是老翁。

立 夏

陌上无花也无烟，

只有夜里星两点。

立夏随处可做笺，

一草一叶书流年。

漫步闲庭

月圆柔光照紫荆,

风和巧手拨树影。

又是一年秋分到,

庭前诵吟《长歌行》。

近 秋

夜挑屋前灯，

灯迎归宿人。

人望空中月，

月送晚来风。

卜算子·回乡

喧嚣不是初，乡音依如故。

一纪轮回环四顾，笑笑与谁述。

又是近日暮，桥下行人匆。

一轮皎月悄上空，照在五四路。

工建有感

万方填平亿年壑,

日夜往来百千车。

愚公移山所为何?

保家利民享福泽。

FAN SHI YU JIAN

欲留露珠雨来急,岁月待我如待你。

夜游闽江

近秋天凉灯焕焕，

旖旎波澜好风光。

两岸依旧春意在，

红旗染了夜色暖。

江城子·项目投运

攻坚天寒鼓楼旁，炼金汤，调试忙。

斗战百日，旗立填埋场。

楼起山平瞰晋安，拨云雾，迎朝阳。

抗击瘟疫勇担当，启渣仓，斗新冠。

焚毒填灰，城北马车忙。

旭日如笤扫翳障，天无恙，地安康。

清平乐·夜产

水蒸烟漫,云起雾迷散。

平静思量舍离断,夜色媚灯孤焕。

忘却前世艰难,记住今生漫烂。

争不盈输不乱,闯半世应无恙。

时间易逝

又渡春秋一重梦,只留长河两道痕。

醒知精魂三生石,水镜照过四方人。

欲留露珠雨来急,岁月待我如待你。

茫然不知将来事,留个暮年伴菩提。

望仙门·建设红庙岭

碧空云白阔无垠,此天欣。

有氧无烟绿如林,妆新闻。

腊月正春归,迎来万紫千红。

助榕为民人心齐。

人心齐,共建红庙岭。

江湖酬志

总是一年春秋去,不舍你我,

昨也江湖,今也江湖,未来仍然是江湖。

历瞰身边多少事,一笑恩仇,

少也好汉,壮也好汉,鬓白依旧是好汉。

惜　梦

摘星不知天地高，登上天马，再上三千层。

采月无谓惊蛰冷，解襟抛去，缠绕作紫藤。

星城浪漫，灯光闪烁，喧嚣静谧，比喻优柔歌声。

相伴无几时，但如夜色，便作永恒。

往事如风

举头望月话春凉,

愿与不愿归梦乡。

昨日已是梦中事,

一觉醒来又朝阳。

黄岐岛观海

海阔天空云无瑕,

蓝绿尽染望月涯。

百舸安泊黄岐湾,

一张靠椅看晚霞。

龙津湖畔

时光总易逝，

心宽千金值。

多少愁未展，

不过两行诗。

FAN SHI YU JIAN

故土还留花瓣香，
只是伊人已不在。

值班夜

水蒸作云捧月早,

巡厂二重天色晚。

才下夕阳灯初亮,

小雪薄衫风微凉。

观天宫山日出

层峦叠嶂远如烟，

墨染山水客似仙。

新日腾云上天宫，

一盏明灯弥勒前。

雁北飞

（一）

暮色染了蒹葭黄，

冰轮悄上恐夜长。

日月同辉照前程，

白云比心雁两行。

（二）

暮色染了蒹葭黄，

大雁北飞赶路忙。

夕阳将落忧途暗，

一轮新月急上岗。

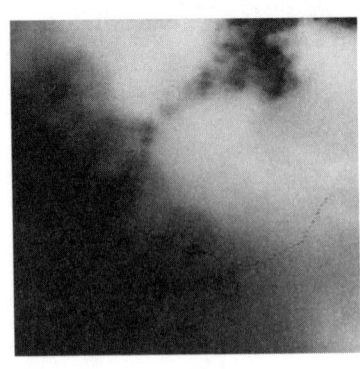 

故乡亲

异乡山水苦不亲,

熟云识雾千万里。

无须借寄长江水,

明日便返故乡去。

——作于寒假前

陪 雨

知我烦乱知我心，

雨夜为我抚香琴。

红粉橙黄往与今，

只寻知己是何名。

乡野假日

山田无争溪水潺，

未名野花香如兰。

小犬逐童嬉笑声，

唤挽清风仙下凡。

登莲台山

巍巍赤水盂,

唤友采山橘。

四仙论道处,

莲台近天宇。

江山睡美人

江山美人睡意浓,

小雨清泉赏花容。

梦里多少今古事,

山寺忧扰轻敲钟。

桃花树

不知此树是谁栽,

庭前桃花似曾开。

故土还留花瓣香,

只是伊人已不在。

鼓浪屿别友

昨日观鹭海,

云阶千里外。

犹闻故人曲,

望空夜归来。

欲 醉

狂饮水酒三百杯，

欲与沉夜试比醉。

手捧镜月照往昔，

笑笔泪墨画旧颜。

盼

人稀窗前路，

惊望是叶枯。

以为熟悉声，

只是风行处。

春秋·之一

秋话述不完，

春化九月妆。

急待重逢时，

三月落叶黄。

春秋·之二

秋未尽落黄，

春续旧时光。

暖风知叶冷，

裹在怀中央。